U0090647

中國學術思想 研究輯刊

八 編

林慶彰 主編

第12冊

魏晉人物品評風尚探究
——以《世說新語》爲例

方碧玉 著

花木蘭文化出版社

國家圖書館出版品預行編目資料

魏晉人物品評風尚探究——以《世說新語》為例／方碧玉 著
— 初版 — 台北縣永和市：花木蘭文化出版社，2010〔民99〕
目 2+144 面；19×26 公分
（中國學術思想研究輯刊 八編：第 12 冊）
ISBN：978-986-254-196-8（精裝）
1. 世說新語　2. 研究考訂　3. 人物志　4. 魏晉南北朝
782.13　　　　　　　　　　　　　　　　　　99002342

ISBN - 978-986-2541-96-8

9 789862 541968

中國學術思想研究輯刊
八 編 第十二冊　　　　　　　ISBN：978-986-254-196-8

魏晉人物品評風尚探究——以《世說新語》爲例

作　　者　方碧玉
主　　編　林慶彰
總 編 輯　杜潔祥
出　　版　花木蘭文化出版社
發 行 所　花木蘭文化出版社
發 行 人　高小娟
聯絡地址　台北縣永和市中正路五九五號七樓之三
　　　　　電話：02-2923-1455／傳眞：02-2923-1452
網　　址　http://www.huamulan.tw 信箱 sut81518@ms59.hinet.net
印　　刷　普羅文化出版廣告事業
封面設計　劉開工作室
初　　版　2010 年 3 月
定　　價　八編 35 冊（精裝）新台幣 58,000 元

版權所有·請勿翻印

魏晉人物品評風尚探究
——以《世說新語》爲例

方碧玉　著

作者簡介

方碧玉，生於花蓮。研究斷限為魏晉南北朝時代，興趣偏於社會文化主題。以〈魏晉人物品評風尚探究——《世說新語》為例〉取得碩士學位，再以〈東晉南北朝世族家庭教育研究〉取得博士學位。目前任職於花蓮大漢技術學院通識教育中心。

提　要

　　清談為魏晉重要文化活動，最能突顯其時代特殊精神，其內容主題包含人物。以中國文化傳統而言，向來注重人文主義，對人相當看重，重視人物批評已然成為中國思想特色。而魏晉史學特色也重視人物，在此情形下，研究魏晉時代人物品評當具意義性。因此，本文從掌握時代精神出發，目的在了解文化活動在時代環境的重要性及意義。就論人而言，只要有人存在的地方，就有可能對其個人行為及特質，做隻言片語之評論。因此人物評論予人無所不在之感，要做具體研究實有困難，而《世說新語》為志人小說，含豐富的品評內容，故本文以《世說新語》為探討人物品評的主要史料，再以正史輔助說明，另參閱近人著作。

　　本文架構除問題的提出及結論外，共分四章。第二章：述說人物品評的淵源，主要以選官制度、社會風氣及士人自覺意識三方面，進行說明。第三、四章：對《世說新語》做具體觀察，主要從人物身分背景、品評關係類型、品評內容與時代環境、《人物志》與人物品評之關係及人物典型幾個方向，進行探討。第五章：論述人物品評的作用及對文學、史學、清談社會風氣的影響，以闡明文化活動在時代中的意義。

目次

第一章　問題的提出

　　東漢末，清流之士見朝政日非，引發清議行爲，爲造成黨錮之禍的成因。清流之士的清議行爲，不僅對政事提出批判，甚且對人也做具體深刻評價。唐長孺先生〈清談與清議〉一文，認爲清談並非純屬玄談，實際上，初期的清談與清議是可以互稱的，後來清談才逐漸從清議轉變爲玄談，但即使在南朝末清談的涵義仍包含清議〔註1〕。對於清談與清議的關係，有不少學者也認爲兩者密切相關。就歷史事實而言，魏晉清談爲漢末清議的變相，換言之，即爲漢末士大夫批評朝政的清議之風，經過黨錮之禍及魏晉政治的壓迫，於是變爲空論玄理之清談〔註2〕。唐翼明先生對清談與清議關係提出新看法，認爲早期「清談」大致有雅談、美談及正論三義。唐長孺先生認爲「清談與清議可以互稱」的命題，僅在第三義「正論」是成立的，對於其他二義則不成立。眞正可以與「清議」互稱的只有「正論」，且可以互稱之例，多晚在東晉以後，因此所謂「初期」之說是沒有根據的。他又認爲唐長孺先生以爲晉以後清談已專指玄虛之談是錯誤的，因清談專指玄虛之談，晚至明清之際才出現〔註3〕。姑且不論其實情如何，清談主題包含以人物爲主的內容應屬事實，此在林麗眞博士論文〈魏晉清談主題之研究〉已有詳盡的說明。

　　清談爲魏晉社會盛行之風尚，此不僅爲人所知，且其對當時社會亦造成至深且鉅的影響，顧炎武就曾提出「清談亡國」之說，儘管學界對此看法仍見仁見智，未有定論，但從中自可體察出清談對魏晉而言，乃是關乎整個時

〔註1〕　唐長孺，〈清談與清議〉，收入氏著《魏晉南北朝史論叢》，頁289～297。
〔註2〕　唐翼明，《魏晉清談》，頁31。日本學者青木正兒、宮崎市定、中國學者陳寅恪皆認爲「清談」與「清議」有非常密切關係。
〔註3〕　唐翼明駁斥清談與清議有密切關係，見氏著《魏晉清談》，頁32～34。

代的重要研究課題。前面提及唐長孺先生所言清談的涵義包含清議,那麼清議中所包含對人物的批評,自屬清談主題的一部份,林麗真女士亦認爲清談主題包含以人物爲主的內容。針對清談做深入研究之學者頗多,但對清談主題中的人物品評卻少有專文討論。錢穆先生認爲寫國史者,必須確切了解其國家民族文化發展個性所在,方能把握其特殊環境與事業,而寫出其特殊精神與面相〔註4〕。清談爲魏晉風尚,而其主題中的人物品評當亦具特殊意義,爲展現魏晉特殊精神,無疑地,人物品評自有其研究價值。而研究此主題除具時代意義外,錢穆先生認爲中國文化傳統特別注重人文主義,因此也特別著重講人物,如在《論語》中,即曾批評自堯舜以下直到孔子當時之各類人物;《孟子》書亦然。中國人一向甚重視對人物的批評,此乃中國思想一大特點〔註5〕。由此足見,此主題的研究更有其必要。

在國史上,魏晉時期並非盛世,而是一政局極爲混亂的時代,但並不因此就意味整個時代是全面陷於停滯的狀態。就史學而言,無疑在此時期有了重要發展〔註6〕。既然魏晉是史學的重要發展時期,那麼其史學是否具特殊精神呢?根據《隋書》卷三十三〈經籍志〉的記載,魏晉南北朝史學著作計十三類,其中第十類爲「雜傳」,其內容以「人物傳記」爲主,共有二百一十七部,一千二百八十六卷,爲十三類中部數最多者〔註7〕。故錢穆先生〈略論魏晉南北朝學術文化與當時門第之關係〉一文,認爲此時代史學重「人物」,甚且直到近代,儘管方志、家譜有新發展,成爲中國史書中重要兩大部門,但人物傳記一項,終不能與魏晉南北朝時代競秀爭勝,因此人物傳記突出獨盛現象,正爲魏晉特殊精神所在〔註8〕。人物品評之風,在魏晉當時是相當盛行

<hr>

〔註4〕 錢穆,《國史大綱》,引論,頁9。

〔註5〕 錢穆,〈略述劉邵人物志〉,收入氏著《中國學術思想史論叢(三)》,頁53。

〔註6〕 《隋書》,卷三十二,〈經籍志〉載:「自魏祕書監荀勗,因鄭默《中經》,更著《新簿》,分爲四部,總括群書。一曰甲部,紀六藝及小學等書;二曰乙部,有古諸子家、近世子家、兵書、兵家、術數;三曰丙部,有史記、舊事、皇覽簿、雜事;四曰丁部,有詩賦、圖讚、汲冢書。」,頁906。又據《晉書》,卷一五○,〈石勒載記〉載:「太興二年,勒僞稱趙王,⋯⋯。署從事中郎裴憲、參軍傅暢、杜嘏並領經學祭酒,參軍續咸、庾景爲律學祭酒,任播、崔濬爲史學祭酒。」,頁2735。此二史料在說明,史學擺脫經學附庸地位以及「史學」一詞的出現,由此可知,史學於魏晉時期有了重要發展。

〔註7〕 《隋書》,卷三十三,〈經籍志〉,頁918。

〔註8〕 錢穆,〈略論魏晉南北朝學術文化與當時門第之關係〉,收入《新亞學報》,第五卷第二期,頁31。

的，這可從談論人物就各類（如帝王優劣論、將相優劣論、文士優劣論）、各期（吳朝俊士論、中朝人士論、江左群士論）、各地（汝穎人物論、青楚人物論）論人物優劣長短及就個別人物品其才情風格看出，實可視爲當時文化社會之重要活動。史學研究貴在能掌握時代精神，尋繹此精神在歷史進程中所具的特殊意義，因此研究與人物傳記極相關的人物品評當屬非常值得。

就目前所知，以人物品評爲主題進行研究者，有日本學者岡村繁〈後漢末期の評論的氣分について〉及〈郭泰、許劭の人物評論〉，台灣史學界方面，劉增貴曾受岡村繁前文啓發而撰〈論後漢末的人物評論風氣〉一文，劉文以人物評論風氣的淵源與背景、評論風氣與評論家、評論內容的分析、地域與家族評論爲探討要點，惜全文討論僅限於後漢末。至於學位論文之專題討論在史學界尚未見及，而對此課題較關切者，反以中文學界爲多，但往往只於論述清談主題時略爲涉及，此如林麗眞博士論文〈魏晉清談主題之研究〉，以人物清談在史學上的談題；而專門論及的唯有朴敬姬碩士論文〈世說新語中人物品鑒之研究〉及張蓓蓓博士論文〈漢晉人物品鑒研究〉，然兩文皆偏重於人物品鑒之態度、標準、格式及人物品鑒理論。另外，賈元圓碩士論文〈六朝人物品鑒與文學批評〉，是從情性、神姿、才能及品鑒方式等方面探討人物品鑒對文學批評的影響。由此看來，中文學界顯然較史學界重視此論題。不過文、史間對問題的觀點及處理方法自有不同，故此主題仍值得史學界做深入的研究。

文、史之大別，就表現方式而言，在於文以創作爲主；而史在爲文有據，因此史學的研究，史料就顯得特別重要。關於史料的來源，並非僅限於正史、實錄、檔案一途，往往於文學、筆記小說中，更能深刻看出時代的精神與社會情況。因此，文學、筆記小說仍極具重要史料價值，這也就是何以近年來史學研究多從文學、筆記小說中探討歷史問題的主因。《世說新語》爲南朝劉宋臨川王劉義慶所著，《隋書・經籍志》雖將其列於小說類，但一直爲研究漢末魏晉間歷史、語言和文學的人士所重視。其內容記述魏晉名士言行容止、遺聞軼事及機智言談的生活素材，反映魏晉時代人物性格，彰顯魏晉人物品評格調和審美風尚。因此，從《世說新語》中，我們可以獲得一些魏晉人物品評的消息〔註9〕。以論人而言，只要有人存在的地方，就有可能對其

〔註 9〕 蕭振邦，〈魏晉前朝審美觀的轉化與特色暨《人物志》的美學意義〉，《中央大學人文學報》第九期，民國 80 年，頁 166。

個人行爲及特質，做隻字片語之評論。因此人物評論予人無所不在之感，要做具體研究實有困難，而《世說新語》以人物品評爲主要內容，恰可解決此一難題。故本文之研究，基本上是以《世說新語》爲主要史料，再以《三國志》、《晉書》等正史爲輔助說明，另外參閱近人著作，以期對本主題有較深入的了解。

《世說新語》一書雖有劉孝標注，對於人物事蹟，詳細記載，稍有助於研讀。但不易通曉之處仍多，因此有不少學者致力於疏通工作，如楊勇先生《世說新語校箋》、徐震堮先生《世說新語校箋》、余嘉錫先生《世說新語箋疏》皆屬同性質之作。筆者爲初學者，對古文字義難有全面之把握，幸賴前輩學者的箋疏工作，提供莫大幫助，故在研讀史料、整理史料上並不採用古本，而是用學者的箋疏本。余嘉錫先生《世說新語箋疏》，內容不僅訓解字意，更注重史實的考察，且較楊本、徐本爲詳盡，故本文以余本爲主。《世說新語》所記載人物雖以魏晉爲主，但並不限於魏晉，尚有秦漢、劉宋之人，唯只是少例，故研究上時間斷於魏晉時期，研究範圍則以《世說新語》爲主。而在《世說新語》中如何區分具有人物品評意涵呢？除極爲明顯具品題之意而定名目的「目」字以及含有讚揚之意的「稱」字很容易看出外，其他如「道」、「云」、「曰」、「謂」、「語」、「言」等字，只要查考其述說內容含有評論之意味者皆視爲人物品評之內容，此爲本文對品評所下之定義。

就研究方法而言，在處理問題上先依《世說新語》人名索引逐條檢視人物品評諸條文，而登錄其品評者與被評者情形，再以歸納法整理以品評者爲主及以被評者爲主的兩附錄資料，做爲研究討論的基礎。由於《世說新語》爲志人小說，所涉人物不下五、六百人，故討論時只能擇其重要者而言，而所謂重要者該如何界定呢？與其憑印象式草率斷之，不如以數字方式來表現其重要性，於是採用了簡易的量化方法。方法論中的歸納法與演繹法並非絕不相容，有時亦具依存關係，故本文中亦隨時視需要加以運用。至於構成歷史研究的兩大要素爲歷史敘述與歷史解釋，當然本文也不脫此，用歷史解釋法對本主題進行解說，以對歷史事實間的關係作疏通陳述，闡明歷史發展的軌跡及意義。本文的處理，除傳統的歷史研究法外，間也引入社會科學方法，目的只在企圖結合兩種方法，以新的處理方式呈現出《世說新語》中人物品評的面貌，另外也想證驗史學的研究有時援引社會科學方法是有益的。

以下簡述本文各章節所欲探討內容大要。本文除問題的提出、結論外，

共分四章。第二章：述說人物品評的淵源，主要以選官制度、社會風氣及士人自覺意識三方面，進行說明。第三、四章：為本文的主題部份，在對《世說新語》做具體觀察，從人物身分背景、品評關係類型、品評內容與時代環境、《人物志》與人物品評之關係及人物典型幾個方向，進行探討。第五章：論述人物品評的作用及對文學、史學、清談社會風氣的影響，以闡明文化活動在時代中的意義。

第二章　魏晉人物品評之淵源

第一節　鄉舉里選之鄉論

　　國家之興替、政治之隆污，以擇才而用爲要。歷代隨主觀、客觀因素之變遷，用人制度或有世官、選舉、買官之不同。就漢代而言，察舉、徵辟、任子、納貲爲入仕之途，其中以察舉、徵辟較爲重要，屬選舉制度。《禮記·射義》載：「諸侯歲獻貢士於天子」〔註1〕，蔡邕上封事也說「臣聞古者取士，必使諸侯歲貢。」〔註2〕此皆言士的任用是由下向上推薦。察舉雖然分制舉與常舉二途，但其選舉過程皆由中央或地方官根據鄉黨輿論，選拔可用之才，然後向中央推薦，或稱爲鄉舉里選，其意仍是由下向上薦保人才，此或源於諸侯的貢士之法。

　　漢高祖以平民之身，建立大一統之天下，自然希企世世隆興無絕，因而在十一年（西元前196年）下求賢詔：

> 蓋聞王者莫高於周文，伯者莫高於齊桓，皆待賢人而成名。今天下賢者智能豈特古之人乎？患在人主不交故也，士奚由進！今吾以天之靈，賢士大夫定有天下，以爲一家，欲其長久，世世奉宗廟亡絕也。賢人已與我共平之矣，而不與吾共安利之，可乎？賢士大夫有肯從我游者，吾能尊顯之。布告天下，使明知朕意。御史大夫昌下

〔註1〕 鄭氏注，《禮記》（上海商務印書館縮印宋刊本），卷二十，〈射義〉第四六，頁188下。

〔註2〕 《後漢書》，卷六十下，〈蔡邕傳〉，頁1996。

相國，相國酇侯下諸侯王，御史中執法下郡守，其有意稱明德者，必身勸，為之駕，遣詣相國府，署行、義、年。有而弗言，覺，免。年老癃病，勿遣。〔註3〕

此詔被視為察舉之始，其中署行、義、年一語，蘇林則解釋為「行狀年紀」〔註4〕，用淺近之語解釋，即為平日為人之實跡，而這當然也包括了鄉閭評議。從推薦人才須署行、義、年觀之，鄉閭評議對一人是否得以出仕頗具決定性。宣帝在地節三年（西元前67年）下詔曰：

朕既不逮，導民不明，反側晨興，念慮萬方，不忘元元。唯恐羞先帝聖德，故並舉賢良方正以親萬姓，歷載臻茲，然而俗化闕焉。傳曰：「孝弟也者，其為仁之本與！」其令郡國舉孝弟有行義聞于鄉里者各一人。〔註5〕

顯示朝廷仍在尋求有聲聞著於鄉里之賢才，而這仍須透過鄉論才得以昭顯。就歷大事實而言，有因不為州里所稱或鄉黨高其義而影響仕進之例，如「韓信家貧無行，不得推擇為吏」〔註6〕。范滂少厲清節，為州里所服，舉孝廉、光祿四行〔註7〕。蔡邕性篤孝，母常滯病三年，邕自非寒暑節變，未嘗解襟帶，不寢寐者七旬。母卒，廬于冢側，動靜以禮。有菟馴擾其室傍，又木生連理，遠近奇之，多往觀焉。與叔父從弟同居，三世不分財，鄉黨高其義〔註8〕。由此可見鄉論之重要性。因察舉而衍生出對聲名之看重，使得品評人物、鑒識人才，成為非常必要，亦成為生活上談論之話題，在此情形下蔚為一股論人的風潮。顧炎武《日知錄》卷十三〈清議〉條載：

古之哲王，所以正百辟者，既已制官刑儆于有位矣，而又為之立閭師設鄉校，存清議於州里，以佐刑罰之窮，……。兩漢以來，猶循此制，鄉舉里選，必先考其生平，一玷清議，終身不齒，……教城於下，而上不嚴，論定於鄉，而民不犯。〔註9〕

「清議」所指為何？最淺近之意為清正之言論，是具公平客觀性的，而在文

〔註3〕《漢書》，卷一下，〈高帝紀〉，頁71。
〔註4〕同註3，頁72。
〔註5〕《漢書》，卷八，〈宣帝紀〉，頁250。
〔註6〕《漢書》，卷三十四，〈韓信傳〉，頁1861。
〔註7〕《後漢書》，卷六十七，〈范滂傳〉，頁2203。
〔註8〕同註2，頁1980。
〔註9〕顧炎武，《日知錄》，卷十三，〈清議〉條，頁47。

獻資料上最值得注意的是「存清議於州里」、「論定於鄉」兩句話，似乎意味清議有鄉黨輿論之意。而「清議」之效用足以輔佐刑罰不及之處，甚且，有意仕進者若辱於清議，將終身無進用之希望，可見鄉評對選用人才所發揮的作用是不可否認的。朱禮《漢唐事箋》卷三〈鄉評〉條，亦表示相同看法，其言：

> 漢之取士，猶有鄉舉里選之遺意也。武帝求賢良，……；一言蕭望之，則曰：「此東海蕭生耶」？一薦龔勝，則曰：「固已聞其名」。其令聞美譽，固已素著於鄉黨，而達於朝廷之上，蓋如是其不可掩也。至於酈食其家貧落魄，縣中謂之狂生；……；公議之在鄉里，昭昭乎不可泯。……是故，能自持於鄉里者，然後州縣拔爲幹佐曹史；能自立於州縣者，然後五府辟爲曹掾；能自效於五府者，然後爲朝廷所選用；其初皆本於鄉里公譽也。〔註10〕

引文中「令聞美譽，著於鄉黨」、「公議在鄉里，昭不可泯」、「能自持於鄉里者，然後能爲朝廷所用」等語，皆足以顯現鄉里公譽之性質與效力。

　　曹操於群雄割據之中，脫穎而出，此時百廢待舉，用人未詳於考核，何夔就針對此情況上言曰：

> 自軍興以來，制度草創，用人未詳其本，是以各引其類，時忘道德。夔聞以賢制爵，則民慎德；以庸制祿，則民興功。以爲自今所用，必先核之鄉閭，使長幼順敘，無相踰越。顯忠直之賞，明公實之報，則賢不肖之分，居然別矣。……〔註11〕

其用人建議仍循兩漢之制考核於鄉閭之議，使善惡賢不肖明顯區別，這說明了兩漢的鄉舉里選，鄉黨輿論被視爲考察用人良方的事實，即使是國運未穩，此制度仍令後人追慕不已，前引文獻也透露出何夔重視鄉評的觀點。曹魏延康年間，陳群建議以九品官人法做爲選舉用人制度，此雖與兩漢鄉舉里選不同，但卻頗有相似之處，馬端臨《文獻通考》卷二十八〈選舉一〉載：

> 鄉舉里選者，採毀譽於眾多之論，而九品中正者，寄雌黃於一人之口。〔註12〕

二法的基本精神，皆爲仕官前是否值得任用而先行考察人物優劣情形。不過

〔註10〕 朱禮，《漢唐事箋》，頁710。
〔註11〕 《三國志》，卷十二，〈何夔傳〉，頁381。
〔註12〕 馬端臨，《文獻通考》，卷二十八，〈選舉一〉，頁267。

鄉舉里選對於人物優劣的採定是根據普遍鄉論；而九品中正的中正官對於人物之優劣卻擁有決定權，這也使得九品官人法在日後弊病叢生，衛瓘就曾與太尉庾亮等上疏提及：

> 斯則鄉舉里選者，先王之令典也。自茲以降，此法陵遲。魏氏承顚
> 覆之運，起喪亂之後，人士流移，考詳無地，故立九品之制，粗且
> 爲一時選用之本耳。其始造也，鄉邑清議，不拘爵位，褒貶所加，
> 足爲勸勵，猶有鄉論餘風。中間漸染，遂計資定品，使天下觀望，
> 唯以居位爲貴，人棄德而忽道業，爭多少於錐刀之末，傷損風俗，
> 其弊不細。〔註13〕

九品官人法雖然後來演變成計資定品，造成「上品無寒門，下品無勢族」之結果，但其始仍有「鄉論餘風」，具鄉舉里選之遺意，這在衛瓘等人上疏之文中已明顯地透露出。而兩漢選舉制度所產生對人物的品評，自然也延續至魏晉之世而不絕。唐長孺先生認爲東漢以徵辟察舉之制選拔統治者所需要的人才，而鄉閭清議乃是徵辟察舉的根據；於是人物批評爲當時政治上極爲重要的事情〔註14〕。牟宗三先生也指出，魏初品鑒人物有其現實因緣，一方面因漢魏之際政論家重名實，另一方面因曹氏父子好法術，重典制與刑律。此兩因素常造成品鑒的產生。如在東漢末年，因察舉而重名實，故出現了對於人物之題拂品藪，此即所謂品鑒〔註15〕。在此情形下，人物品評因社會實際需要而產生，因此也顯得具有時代意義。

至此，從以上諸文獻資料觀之，鄉舉里選之鄉論爲人物品評諸淵源之一端，實無須置疑，而湯用彤先生言：

> 溯自漢代取士大別爲地方察舉，公府徵辟，人物品鑒遂極重要。有
> 名者入青雲，無聞者委溝渠。朝廷以名爲治（顧亭林語），士風亦竟
> 以名行相高。聲名出於鄉里臧否，故民間清議乃隱操士人進退之權。
> 於是月旦人物，流爲俗尚；講目成名（《人物志》語），具有定格；
> 乃成爲社會中不成文之法度。〔註16〕

因察舉、徵辟而使人物品鑒成爲極重要，更證實了前論無誤，而人物品評最終也形成了風尚。

〔註13〕《晉書》，卷三十六，〈衛瓘傳〉，頁1058。
〔註14〕唐長孺，〈清談與清議〉，頁290。
〔註15〕牟宗三，《才性與玄理》，頁236。
〔註16〕湯用彤，《魏晉玄學論稿》，頁9。

第二節　東漢之批評風氣

顧炎武《日知錄》記載〈兩漢風俗〉有云：

> （光武）尊崇節義，敦厲名實，所舉用者，莫非經明行修之人，而
> 風俗爲之一變。至其末造，朝政昏濁，國事日非，而黨錮之流，獨
> 行之輩，依仁蹈義，舍命不渝，風雨如晦，雞鳴不已，三代以下，
> 風俗之美，尚無於東京者，故范曄之論，以爲桓靈之間，君道秕僻，
> 朝綱日陵，國隙屢啓，自中智以下，靡不審其崩離而權強之臣，息
> 其闚盜之謀，豪俊之夫，屈於鄙生之議，所以傾而未頹，決而未潰，
> 皆仁人君子心力以爲，可謂知言者矣。〔註17〕

文中指出東漢風俗之美，爲自三代以下所無，然國運並不因此邁向欣欣之路，
桓、靈之際，仍不免走入衰運，而國之所以危而未崩，范曄以爲端賴仁人君
子之力。而東漢風俗雖美，並不意味現實中充滿一片美景，實際上，東漢之
世，不論學術思想上，或現實政治，皆見時人之批評精神。現實問題的存在，
並不因風俗之美而化解，批評之風仍普遍存於當世。

兩漢學術界一大盛事爲今古文派之爭，此事件起於劉歆對今文學派之抗
議。而二派較重要爭論共有四次，一爲劉歆與太常博士們爭立《毛詩》、《古
文尙書》、《逸禮》、《左氏春秋》；二爲韓歆、陳元與范升爭立《費氏易》改《左
氏春秋》；三爲賈逵與李育之爭；四爲鄭玄與何休之爭〔註18〕。學術門戶，爲
成主流，難免採批判辯爭手段，而此四次的爭論過程，無疑地促成批評風氣
的盛行。經學爲兩漢仕祿之途的敲門磚，然此時的經學已雜揉陰陽之說，此
從漢之經師多通陰陽之學或可看出，如董仲舒以春秋災異推陰陽所以錯行；
高相專說陰陽災異；京房長於災異；翼奉好律歷陰陽之古〔註19〕。陰陽之說
最終變爲讖緯，而解經者甚至出現憑讖爲說之現象，《隋書‧經籍志》緯書序
載：

> 起王莽好符命，光武以圖讖興，遂盛行於世。漢時，又詔東平王蒼，
> 正五經章句，皆命從讖。俗儒趨時，益爲其學，篇卷第目，轉加增
> 廣。言五經者，皆憑讖爲說。〔註20〕

〔註17〕顧炎武，《日知錄》，卷十三，〈兩漢風俗〉條，頁39～40。
〔註18〕鄺士元，《中國學術思想史》，頁108～110。
〔註19〕柳詒徵，《中國文化史》，頁412。
〔註20〕《隋書》，卷三十二，〈經籍志〉，頁941。

而讖緯之盛於東漢，不僅從學者多攻此學〔註 21〕，由光武信讖書亦可知，史云：

> （劉秀）其後破王郎，降銅馬，群臣方勸進。適有舊同學彊華者，自長安奉赤伏符來，曰：劉秀發兵捕不道，四夷雲集龍在野，四七之際火爲主，群臣以爲受命之符，乃即位于鄗南，是讖記所說，實於光武有徵。故光武尤篤信其術，甚至用人行政，亦以讖書從事。〔註 22〕

光武信讖書之程度，甚至用人行政皆以讖書爲斷，將讖書視爲聖經賢傳，不敢有一字致疑。《後漢書·方術傳》序言也說明了這現象：

> 漢自武帝頗好方術，天下懷協道藝之士，莫不負策抵掌，順風而屈焉。後王莽矯用符命，及光武尤信讖言，士之赴趣時宜者，皆騁馳穿鑿，爭談之也。故王梁、孫咸名應圖籙，越登槐鼎之任，鄭興、賈逵以附同稱顯，桓譚、尹敏以乖忤淪敗，自是習爲內學，尚奇文，貴異數，不乏於時矣。〔註 23〕

信讖者得以登用，不信者即罷黜之，可見此時代迷信之極致。對於此迷信不合理之現象，自有人提出嚴厲批評。如桓譚就曾針此上疏言：

> 凡人情忽於見事而貴於異聞，觀先王之所記述，咸以仁義正道爲本，非有奇怪虛誕之事。蓋天道性命，聖人所難言也。自子貢以下，不得而聞，況後世淺儒，能通之乎！今諸巧慧小才伎數之人，增益圖書，矯稱讖記，以欺惑貪邪，詿誤人主，焉可不抑遠之哉！臣譚伏聞陛下窮折方士黃白之術，甚爲明矣；而乃欲聽納讖記，又何誤也！其事雖有時合，譬猶卜數隻偶之類。陛下宜垂明聽，發聖意，屏群小之曲說，述五經之正義，略靁同之俗語，詳通人之雅謀。〔註 24〕

觀其意批評讖緯之不可信甚明。除桓譚外，另有多人亦提出批評，《文心雕龍·正緯篇》就提到：

> 桓譚疾其虛僞，尹敏戲其深瑕，張衡發其僻謬，荀悅明其詭誕。〔註 25〕

此爲士人因不滿迷信充斥於世，所發之批評。讖緯的風行，相對地助長了批評的風氣。

〔註 21〕 同註 19，頁 413。
〔註 22〕 趙翼，《廿二史箚記》，卷四，〈光武信讖書〉，頁 52～53。
〔註 23〕 《後漢書》，卷八十二上，〈方術傳〉，頁 2705。
〔註 24〕 《後漢書》，卷二十八上，〈桓譚傳〉，頁 959～960。
〔註 25〕 《文心雕龍注》，卷一，〈正緯〉，頁 10～11。

　　董仲舒居西漢之世，居舉足輕重之地位，除建議武帝獨尊儒術罷黜百家之舉外，更在於其有一套學術思想體系，對西漢學術產生至深且鉅之影響。在其學術思想諸端中，以「天人合一」學說，對當時政治、社會、民間信仰，所發揮的作用最大。而「天人合一」的思想，於《春秋繁露》中處處可見，如〈陰陽義〉篇載：

　　　　天亦有喜怒之氣，哀樂之心，與人相副，以類合之，天人一也。〔註26〕

此在說明天與人可同等看待，天猶如人一般具喜怒哀樂之情，是具有意志的。董仲舒更在〈爲人者天〉篇中進一步申說「人本於天」的觀念，指出：

　　　　爲生不能爲人，爲人者天也。人之人本於天，天亦人之曾祖父也。

　　　　此人之所以上類天也。〔註27〕

這說明人與天同體，彼此能交互感應，天可以感人，人也可以感天，意在證明天人感應之說，而企圖藉此學說達到限制君權與控制人民行爲之目的。對於這種說法，東漢的王充提出了嚴厲的批評。據《後漢書・王充傳》記載：

　　　　著論衡八十五篇，二十餘萬言，釋物類同異，正時俗嫌疑。〔註28〕

而《論衡》一書〈佚文〉篇云：

　　　　詩三百，一言以蔽之，曰思無邪。論衡篇以十數，亦一言也，曰疾

　　　　虛妄。〔註29〕

觀王充著《論衡》動機在矯正時弊之迷信虛妄不合理現象。故適先生認爲《論衡》一書，幾乎每篇都是批評的文章，可區分爲四大類，一爲批評當時的書籍；二爲批評古人的思想；三爲批評當時儒教的天人感應論；四爲批評當時的種種宗教迷信〔註30〕。而〈譴告〉、〈變動〉、〈寒溫〉、〈變虛〉、〈異虛〉、〈感變〉、〈福虛〉、〈禍虛〉等篇皆爲針對天人感應而發〔註31〕。可見王充對於「天人感應」之說，不以爲然，而成爲其文章批評的焦點。故胡適先生認爲《論衡》代表一種批判精神〔註32〕。觀其實際內容誠然不假，這或可爲當時批評風氣之代表。

〔註26〕《春秋繁露注》，第四十九，〈陰陽義〉，頁275。
〔註27〕《春秋繁露注》，第四十一，〈爲人者天〉，頁251。
〔註28〕《後漢書》，卷四十九，〈王充傳〉，頁1629。
〔註29〕《論衡集解》，卷二十，〈佚文篇〉，頁413。
〔註30〕胡適，《中國中古思想小史》，頁55～56。
〔註31〕同註30，頁56。
〔註32〕同註30，頁55。

晉人葛洪撰《抱朴子》內外篇，內篇二十卷所論爲神仙方藥、鬼怪變化、
養生延年、禳邪卻禍之事屬神仙範疇；外篇五十卷主要內容爲舉君道臣節、
譏俗救生、用兵戰守、審舉窮達〔註33〕，爲言人間得失，世事臧否之作。在
外篇〈漢過〉中，對於東漢末道德衰微，風俗多弊，記載甚詳，其言：

> 歷覽前載，逮乎近代，道微俗弊，莫劇漢末也。當塗端右閹官之
> 徒，操弄神器，秉國之鈞，廢正興邪，殘仁害義，蹂踏背憎，即聾
> 從昧，同惡成群，汲引姦黨，吞財多藏，不知紀極。而不能散錙銖
> 之薄，施振清廉之窮儉焉。進官則非多財者不達也，獄訟則非厚貨
> 者不直也。官高勢重，力足拔才，而不能發毫釐之片言，進益時之
> 翹俊也。其所用也，不越於妻妾之戚屬，其惠澤也，不出乎近習之
> 庸瑣，……。〔註34〕

葛洪指出了閹官弄權、爲官顯達須憑財力之資、獄訟不公及官高勢重者拔用
之人多爲妻妾戚屬等漢末政治弊陋之現象。對此，當世時人已有深刻之體認，
而爲文批評之，這在《後漢書》列傳中，可找到諸多證據，如卷四十九〈王
符傳〉載：

> 自和、安之後，世務游宦，當塗者更相薦引，而符獨耿介不同於俗，
> 以此遂不得升進。志意蘊憤，乃隱居著書三十餘篇，以譏當時失得，
> 不欲章顯其名，故號曰潛夫論。其指訐時短，討謫物情，足以觀見
> 當時風政，……。〔註35〕

同卷〈仲長統傳〉云：

> 每論說古今及時俗行事，恆發憤歎息。因著論名曰昌言，凡三十四
> 篇，十餘萬言。〔註36〕

又卷五十二〈崔寔傳〉言：

> 明於政體，吏才有餘，論當世便事數十條，名曰政論。指切時要，
> 言辯而确，當世稱之。〔註37〕

〔註33〕《抱朴子》外篇，應嘲卷：「客嘲余云：……伯陽以道德爲首，莊周以逍遙冠
篇，用能標峻格於九霄，宣芳烈於罔極也。今先生高尚勿用，身不服事，而
著君臣節之書；不交於世，而作譏俗救生之論；甚愛骭毛，而綴用兵戰守之
法；不營進趨，而有審舉窮達之篇，蒙竊惑焉。」頁225。
〔註34〕《抱朴子》外篇，卷三十三，〈漢過〉，頁197。
〔註35〕《後漢書》，卷四十九，〈王符傳〉，頁1630。
〔註36〕《後漢書》，卷四十九，〈仲長統傳〉，頁1646。
〔註37〕《後漢書》，卷五十二，〈崔寔傳〉，頁1725。

按《潛夫論》、《昌言》、〈政論〉皆爲針對時弊而發的批評之作。王符於《潛夫論》中言及：「先主之制，官民必論其材，論定而後爵之，位定然後祿之，人君也。」〔註38〕任官、爵賞有一定的標準及程序，但由於近世不察眞僞之情，卻形成了「以族舉德，以位命賢」〔註39〕，及「今世得位之徒，依女妹之寵以驕士，藉亢龍之勢以陵賢。」之現象〔註40〕，其主要在批評選舉無法得賢才以用，反爲貴戚所壟斷，而考績之目的在昭顯賢愚勸能否，然王符所處之時代，考績已廢弛，在其〈考績〉篇中批評「群僚舉士者，……。名實不相副，求貢不相稱。富者乘其材力，貴者阻其勢要，以錢多爲賢，以剛強爲上，凡在位所以多非其人。」〔註41〕對於東漢戚宦之驕縱，仲長統在《昌言·法誠篇》也有強烈的批判，其言：

> （光武帝）三公之職，備員而已。然政有理，猶加譴責，而權移外
> 戚之家，寵被近習之豎，親其黨類，用其私人，内京師，外布列郡，
> 顛倒賢愚，貿易選舉，疲駑守境，貪殘牧民，撓擾百姓，忿怒四夷，
> 招致乖叛，亂離斯瘼，怨氣並作，陰陽失和，三光虧缺，怪異數至，
> 蟲螟食稼，水旱爲災，此皆戚宦之臣所致然也。〔註42〕

而崔寔於〈政論〉中也載：

> 自漢興以來三百五十餘歲矣，政令垢翫，上下怠懈，風俗彫敝，人
> 庶巧僞，百姓囂然，咸復思中興之救矣。〔註43〕

以上這些文章論著的内容，皆充滿了對政治現象不滿的批評。除此之外，對於世風亦提出批評。《後漢書》卷六十二載荀悅作《申鑒》之緣由，有云：

> 時政移曹氏，天子恭己而已。悅志在獻替，而謀無所用，乃作申鑒
> 五篇。其所論辯，通見政體，既成而奏之。〔註44〕

觀荀悅之意，本有意對在上者提出美善之諫言以去惡，但苦於不被採用，故爲文以表達之，内容多屬原則性議論，而少對現實批評，但王鑒在寫《申鑒》

〔註38〕《潛夫論箋》，〈思賢第八〉，頁35。
〔註39〕《潛夫論箋》，〈論榮第四〉，頁14。
〔註40〕《潛夫論箋》，〈本政第九〉，頁39～40。
〔註41〕《潛夫論箋》，考績第七：「群僚舉士者，或以頑魯應茂才，以桀逆應至孝，以貪饕應廉吏，以狡猾應方正，以諛諂應直言，以輕薄應敦厚，以空虛應有道，以囂闇應明經，以殘酷應寬博，以怯弱應武猛，以愚頑應治劇，名實不相副，求貢不相稱。」頁28～29。
〔註42〕《全後漢文》，卷八十八，〈仲長統〉，頁8。
〔註43〕《全後漢文》，卷四十六，〈崔寔〉，頁2。
〔註44〕《後漢書》，卷六十二，〈荀悅傳〉，頁2058。

序時，談到：

> 或言（荀）悅書似徐幹王符，考其歸，茲若人之儔乎！〔註45〕

前言王符《潛夫論》對政風批評，而王鏊說有人將《申鑒》類比王符之書，而視為同性質的批評之作。從以上的陳述，可見時人對於政治的不滿之辭是充滿了批評性的。

學術上、政治上的批評，形成了東漢的批評風氣。而不論是學術或政治皆與人有關，對於學術上的爭辯是由人導出，爭之所極，難免意氣用事，可能進一步涉及對人的批評。而政治為管理眾人之事，管理者當屬人，對於政治的不滿，更有可能導致對主其事者的批評，因此對於學術、政治的批評是有可能轉為對人提出品評，進而形成人物品評風氣。胡適先生在其《中國中古思想小史》中，談到批評的精神在東漢最發達，而最奇特的是這種批評精神在那時代造成「人倫」的風氣。而「人倫」之意即是品評人物的高下，分為等級倫類〔註46〕。由此可見，東漢的批評風氣為人物品評諸多淵源之一。

第三節　士人之自覺意識

東漢十三帝，自和帝後，除獻帝以五十四歲卒外，皆年壽不長，此於趙翼《廿二史劄記》卷四〈東漢諸帝多不永年〉中可看出。對於諸帝的年壽不長，不可輕忽其重要性。事實上，諸帝的年壽與王室之興衰具相當的關連性，因為「人主既不永年，則繼體者必幼主，幼主無子而母后臨朝，自必援立孫稚全以久其權」〔註47〕，其中關涉到幼主的政治能力可慮及母后臨朝所衍發的問題，若幼主與母后能齊心協力尚有治世之可能，反之也就極易發生權力爭奪，君主援引宦官為助力，母后臨朝以外戚專政，遂使外戚、宦官之爭成為東漢王室最大的致命傷。

東漢外戚宦官更迭用事，錢穆先生敘之甚詳〔註48〕。宦官用事始於和帝時鄭眾謀誅竇憲〔註49〕，而自順帝時，外戚梁冀被誅，權勢專歸於宦官已成

〔註45〕《申鑒》，頁1。
〔註46〕同註30，頁61～63。
〔註47〕《廿二史劄記》，卷四，〈東漢諸帝多不永年〉條，頁56。
〔註48〕錢穆，《國史大綱》，頁117。
〔註49〕《後漢書》，卷七十八，〈宦者傳〉序：「和帝即祚幼弱，而竇憲兄弟專總權威，內外臣僚，莫由親接，所與居者，唯閹宦而已。故鄭眾得專謀禁中，終除大憝，遂享分土之封，超登宮卿之位。於是中官始盛焉。」頁2509。

定局，宦官之角色已從初不過供驅使，而終變成王室之禍害。趙翼《廿二史箚記》卷五〈東漢宦官〉條載：

> 范蔚宗傳論：謂宦者漸染朝事，頗識典故，少主憑謹舊之庸，女君資出納之命，及其傳達於外，則手握王命，口銜天憲，莫能辨其眞僞，故威力常在陰陽奧窔之閒，迨勢燄既盛，宮府內外，悉受指揮，即親臣重臣，竭智力以謀去之而反爲所噬。〔註50〕

所言甚明。而宦官之害，據《後漢書》卷七十八〈宦者傳〉載：

> ⋯⋯。皆剝割萌黎，競恣奢欲。搆害明賢，專樹黨類。其有更相援引，希附權彊者，皆腐身熏子，以自衒達。同敝相濟，故其徒有繁，敗國蠹政之事，不可單書。所以海內嗟毒，志士窮棲，寇劇緣閒，搖亂區夏。〔註51〕

可見宦官之害極烈，天下無不欲食其肉，遂有廷臣、外僚、小臣劾治宦官之舉。東漢士大夫，以氣節相尙，故奮死對抗之，雖滅族而不顧身。〔註52〕

　　光武表彰節義，使士風爲之一變；加以自戰國聶政、荊軻之徒，以意氣相尙，能爲人所不敢爲，世競慕之，至東漢其風更甚，因薦舉徵辟，必採名譽，故凡可得名者，必全力赴之，好爲苟難，遂成尙名節之風俗〔註53〕。宦官之作爲與尙名節相悖離，自爲士大夫所輕，而依附宦官者，更爲人所羞，《後漢書》卷六十七〈李膺傳〉載：

> 南陽樊陵求爲門徒，（李）膺謝不受。陵後以阿附宦官，致位太尉，爲節〔志〕者所羞。〔註54〕

可見士大夫與宦官形成涇渭分明之勢，而這種區別人己之異，余英時先生認爲即是「自覺」，且人己對立愈顯，則自覺意識愈顯〔註55〕。趙翼言〈黨禁之起〉，以爲：

> 蓋東漢風氣，本以名行相尙，迨朝政日非，則清議益峻，號爲正人者，指斥權奸，力持正論，由是其名益高，海內希風附響，惟恐不及，而爲所貶訾者，怨恨刺骨，日思所以傾之，此黨禍之所以愈烈

〔註50〕 同註47，卷五，〈東漢宦官〉條，頁67。
〔註51〕 同註49，頁2510。
〔註52〕 同註47，卷五，〈漢末諸臣劾治宦官〉條，頁69～70。
〔註53〕 同註47，卷五，〈東漢尙名節〉條，頁61。
〔註54〕 《後漢書》，卷六十七，〈李膺傳〉，頁2191。
〔註55〕 余英時，《中國知識階層史論（古代篇）》，頁206。

也。〔註56〕

由此觀之，黨禍之興，始於士大夫之自覺，不與宦官同流，而指斥奸邪，名愈高而遭嫉所致。《後漢書》卷六十七〈黨錮傳〉序云：

> 逮桓靈之閒，主荒政繆，國命委於閹寺，士子羞與爲伍，故匹夫抗憤，處士橫議，遂乃激揚名聲，品覈公卿，裁量執政，婞直之風，於斯行矣。〔註57〕

文中指出士大夫處於時政不清之際，其做法不僅對政治有所批判，對人亦做批判，因士大夫自許爲「清流」，而羞與「濁流」宦官爲伍，故爲劃清界線，遂促成士大夫的「激濁揚清」，這實是士大夫群體自覺意識的表現，而爲「激揚名聲」，乃有「互相題拂」之舉，這自然牽涉到人物品評。《後漢書》卷六十七〈黨錮傳〉爲士大夫對抗宦官之簡傳，其序有載：

> 諸生三萬餘人，郭林宗、賈偉節爲其冠，並與李膺、陳蕃、王暢更相褒重。學中語曰：「天下模楷李元禮，不畏強禦陳仲舉，天下俊秀王叔茂。」〔註58〕

又言：

> 自是正直廢放，邪枉熾結，海內希風之流，遂共相摽搒，指天下名士，爲之稱號。〔註59〕

余英時先生指出士流之互相標榜爲顯示士大夫群體自覺諸事實之一〔註60〕，由此可知，士大夫群體自覺意識爲構成人物品評淵源之一。

范曄《後漢書》卷八十一〈獨行傳〉序載：

> 中世偏行一介之夫，能成名立方者，蓋亦眾也。……而情跡殊雜，難爲條品；片辭特趣，不足區別。措之則事或有遺，載之則貫序無統。以其名體雖殊，而操行俱絕，故總爲獨行篇焉。〔註61〕

引文指出〈獨行傳〉之作，在於爲免難以歸類之士人行跡有所遺，故特立之。范曄〈獨行傳〉之作爲自創，無因襲之跡，此傳之立與時代環境有關，因當時尚名節，且特立獨行亦有助獲得好評，故不乏獨行之舉。余英時先生認爲

〔註56〕同註47，卷五，〈黨禁之起〉條，頁64。
〔註57〕《後漢書》，卷六十七，〈黨錮傳〉序，頁2185。
〔註58〕同註57，頁2186。
〔註59〕同註57，頁2187。
〔註60〕同註55，頁216～217。
〔註61〕《後漢書》，卷八十一，〈獨行傳〉，頁2665。

從〈獨行傳〉可看出士大夫個性之充份發揮，雖虛僞矯情，或時所難免，而個體自覺，亦大著於此。所謂個體自覺者，即自覺爲具有獨立精神之個體，而不與其他個體相同，並處處表現其一己獨特之所在〔註62〕。由此觀之，東漢時期不僅群體自覺意識因黨爭已顯，即使個人自覺意識也在發展中。余英時先生由仲長統〈樂志論〉出發，認爲士大夫之避世思想、經濟豐裕、山水怡情及文學藝術修養，皆足以展現士大夫個體自覺之事實，另外從自我欣賞、人物評論及與人物評論密切相關的重容貌與談論視角，亦可看出士大夫之個體自覺意識。〔註63〕

在士大夫個體自覺意識中，尤可注意者爲人物評論。余英時先生認爲人物評論與個體自覺是互爲因果之二事。因個體之發展必已臻相當成熟之境，人物評論始能愈析愈精而成爲專門之學，此其所以盛於東漢中葉以後之故。但另一方面，「人倫鑒識」之發展亦極有助於個人意識之成長〔註64〕。此點實已說明人物評論源於士大夫個體自覺，並且盛行於東漢中葉。范曄撰《後漢書》，將郭太、符融、許劭合爲一傳，乃因此三者具人倫鑒識共同特徵，據史籍記載：

　　（郭太）其獎拔士人，皆如所鑒。〔註65〕

李賢等注引謝承書曰：「泰之所名，人品乃定，先言後驗，眾皆服之。」〔註66〕，而范曄也揭舉左原等人以明實情，可見郭太善人倫鑒識不假。而在〈許劭傳〉中載：

　　（許劭）少峻名節，好人倫，多所賞識。若樊子昭、和陽士者，並
　　顯名於世。故天下言拔士者，咸稱許、郭。〔註67〕

又同傳載：

　　初，劭與靖俱有高名，好共覈論鄉黨人物，每月輒更其品題，故汝
　　南俗有「月旦評」焉。〔註68〕

觀此郭太、許劭儼然成爲評論專家，而符融與二人並列，雖史籍上並未明載

〔註62〕同註55，頁231。
〔註63〕同註55，頁231～275。
〔註64〕同註55，頁237。
〔註65〕《後漢書》，卷六十八，〈郭太傳〉，頁2227。
〔註66〕同註65。
〔註67〕《後漢書》，卷六十八，〈許劭傳〉，頁2234。
〔註68〕同註67，頁2235。

知人之鑒或善人倫，但其察漢中晉文經、梁國黃子艾非眞之事實，實可與善人倫等同視之，在以此三人爲主角的郭符許列傳篇末贊曰：

> 林宗懷寶，識深甄藻。明發周流，永言時道。符融鑒眞，子將人倫。〔註69〕

可見東漢末葉已不乏善人倫者。更甚者，人倫鑒識似成專門之學，在此情形下，人物品評之風當然盛行。

東漢安帝時，博士已出現倚席不講現象，儒學已呈漸衰之勢，至本初元年（146），儒者之風已蕩然無存，《後漢書》卷七十九〈儒林傳〉載：

> 本初元年，梁太后詔曰：「大將軍下至六百石，悉遣子就學，每歲輒於鄉射月一饗會之，以此爲常。」自是遊學增盛，至三萬餘生。然章句漸疏，而多以浮華相尚，儒者之風蓋衰矣。〔註70〕

在章句漸疏，且以浮華相尚的情況下，儒學不衰殆爲不可能。而浮華何謂？據唐長孺先生之意，乃是結黨標榜，是和「臧否人物」不可分離的行爲〔註71〕。浮華交會之事實，從符融與仇覽對話中，也很容易看出，據〈仇覽傳〉載：

> （仇）覽入太學。時諸生同郡符融有高名，與覽比宇，賓客盈室。覽常自守，不與融言。融觀其容止，心獨奇之，乃謂曰：「與先生同郡壤，房牖。今京師英雄四集，志士交結之秋，雖務經學，守之何固？」覽乃正色曰：「天子脩設太學，豈但使人游談其中！」〔註72〕

太學生所致力者，務在交游，而原本之本業即務經學，儼然已成不重要。鄭玄曾以書戒子益恩曰：

> 顯譽成於僚友，德行立於己志。若致聲稱，亦有榮於所生，可不深念邪！可不深念邪！〔註73〕

由此可知交游有利於聲名的羅致，爲顯譽最直接方便的方法。朱穆作〈絕交論〉言及：

> 世之務交遊也久矣！不敦子業，不忌于君；犯禮以迫之，背公以從之。其愈者，則孺子之愛也；其甚者，則求蔽過竊譽，以贍其私事，替義退公，輕私重居，勞于聽也。或于道而求其私贍矣。是故遂往

〔註69〕《後漢書》，卷六十八，頁2236。
〔註70〕《後漢書》，卷七十九，〈儒林傳〉，頁2547。
〔註71〕唐長孺，〈清談與清議〉，頁296。
〔註72〕《後漢書》，卷七十六，〈仇覽傳〉，頁2481。
〔註73〕《後漢書》，卷三十五，〈鄭玄傳〉，頁1210。

不反，而莫敢止焉。〔註74〕

可見交游之好處不少，可以竊譽、可以蔽過，更可贍私事，總之交游對於求
名的獲得是相當有利的方法。對於交游標榜之風，尚名之弊，王符於《潛夫
論·務本篇》中指出：

> 今多務交游以結黨助，偷世竊名，以取濟渡，夸末之徒，從而尚之，
>
> 此逼貞士之節，而眩世俗之心者也。〔註75〕

王符斥責交游有助於結黨，更容易竊取名聲，而造成名實不副，而在交結之
風下使得求名活動並盛，而「名」之所成，端賴評論而顯，因此評論隨求名
之風氣而益為發展。據此觀之，交游、求名、評論實有脈絡關連性，而經學
衰微，「浮華相尚」終成人物評論之一源。

〔註74〕《兩漢三國文彙》，頁56。
〔註75〕《潛夫論箋》，〈務本〉，頁9。

第三章　人物品評之具體考察（上）

第一節　人物身分背景分析

陳寅恪先生認爲《世說新語》爲魏晉清談之書〔註1〕。林麗眞女士則指出人物及政事是魏晉清談於史學上的主要談題，而在人物的談題上爲品藻人物及論人物之優劣〔註2〕。又依《世說新語》門類而言，以孔門四科（德行、言語、政事、文學）、識鑒、賞譽、及品藻等爲目，乃東漢名士品題人倫之遺意〔註3〕。再就內容三十六主題份量而言，以對人物評論贊歎之〈賞譽〉篇居全書之冠。另外，蘇紹興先生曾將《世說新語》內容分爲五大性質，其中以「人物品評」一類最爲重要〔註4〕。綜上可知，《世說新語》蘊含豐富的人物品評資料，而在探討「人物品評」主題時，以《世說新語》爲具體研究對象是再適切不過了。以下就以《世說新語》爲範圍申論之。

《世說新語》爲志人小說，所涉重要人物不下五、六百人，要將人物做全面性具體考察有其困難，故在做人物背景分析時，有選擇較重要對象之必要。而所謂重要對象是指品評人數在三人以上或被三人所評而言〔註5〕。本文

〔註1〕陳寅恪，〈陶淵明之思想與清談之關係〉，收入氏著《陳寅恪先生文集（一）》（金明館叢稿初編），頁180。
〔註2〕林麗貞，〈魏晉清談主題之研究〉，頁168～232。
〔註3〕同註1。
〔註4〕蘇紹興，〈從《世說新語》的統計分析看兩晉士族〉，收入氏著《兩晉南朝的士族》，頁83，表五《世說新語》篇章性質分類表，頁84，表六《世說新語》各類性質篇章事條及士族出現次數統計表。
〔註5〕《世說新語》人物眾多，在品評者與被品評之間出現二人或一人之現象眾多，而在三人以上才有能力做具體分析。

檢索《世說新語》人名索引，得出重要品評者與被評者如下兩表：

表一：《世說新語》品評者品評人數情況簡表

品評者	郡　　　望	最高官品	品評人數	品評者	郡　　　望	最高官品	品評人數
謝　安	陳郡陽夏	一	23	王　導	瑯琊臨沂（徐州）	一	19
孫　綽	太原中都（并州）	三	19	王　衍	瑯琊臨沂（徐州）	一	9
劉　惔	沛國相縣（豫州）	三	9	簡文帝	河內溫縣		9
王　濛	太原晉陽（并州）	五	8	王　敦	瑯琊臨沂（徐州）	一	8
王羲之	瑯琊臨沂（徐州）	四	7	周　顗	汝南安城（豫州）	三	7
桓　溫	譙國龍亢（豫州）	一	7	蔡　洪			7
庾　亮	潁川鄢陵（豫州）	一	6	裴　楷	河東聞喜（司州）	一	5
劉　訥	彭城（徐州）	三	5	謝　鯤	陳國陽夏	五	5
王　戎	瑯琊臨沂（徐州）	一	4	王　恭	太原晉陽（并州）	二	4
殷　浩	陳郡長平	二	4	張　華	范陽方城（幽州）	一	4
龐　統	襄陽（荊州）	四	4	支　遁	陳留或河東林慮（司州）		3
王　忱	太原晉陽（并州）	二	3	王　澄	瑯琊臨沂（徐州）	二	3
王胡之	瑯琊臨沂（徐州）		3	王獻之	瑯琊臨沂（徐州）	三	3
阮　裕	陳留尉縣（兗州）	三	3	周　嵩	汝南安城（豫州）	四	3
武　陔	沛國竹邑（豫州）	一	3	桓　彝	譙國龍亢（豫州）	二	3
郗　超	高平金鄉（兗州）	三	3	傅　嘏	北地泥陽（雍州）	三	3

說明：本表依附錄一：《世說新語》品評者狀況總表而得。

表二：《世說新語》被評者被評人數情況簡表

被評者	郡　　　望	最高官品	被評人數	被評者	郡　　　望	最高官品	被評人數
劉　惔	沛國相縣（豫州）	三	9	王　衍	瑯琊臨沂（徐州）	一	8
殷　浩	陳郡長平	二	8	王羲之	瑯琊臨沂（徐州）	四	7
謝　安	陳郡陽夏	一	7	王　濛	太原晉陽（并州）	五	6
庾　亮	潁川鄢陵（豫州）	一	6	王　戎	瑯琊臨沂（徐州）	一	5
衛　玠	河東安邑（司州）	七	5	山　濤	河內懷縣（司州）	一	4

支遁	陳留或河（兗州）東林廬（司州）		4	王述	太原晉陽（并州）	二	4
王坦之	太原晉陽（并州）	二	4	周顗	汝南安城（豫州）	三	4
衛永			4	謝尚	陳郡陽夏	二	4
王敦	瑯琊臨沂（徐州）	一	3	王忱	太原晉陽（并州）	二	3
王玄	瑯琊臨沂（徐州）	五	3	王珣	瑯琊臨沂（徐州）	二	3
王獻之	瑯琊臨沂（徐州）	三	3	桓玄	譙國龍亢	一	3
桓溫	譙國龍亢（豫州）	一	3	庾統	潁川鄢陵（豫州）	四	3
許詢			3	陸機	吳郡（揚州）	二	3
嵇康	譙國銍縣（豫州）	七	3	樂廣	南陽淯陽（荊州）	三	3
簡文帝	河內溫縣		3				

說明：本表依附錄二：《世說新語》被評者狀況總表而得。

　　以下先言品評者。《尚書·皋陶謨》云：「知人則哲，能官人。」〔註6〕意為知人者有智慧，故能授人官職。換言之，為官者當先知人，使賢者在位，能者在職，進而「眾材得其序，而庶績之業興」〔註7〕。故論觀人、知人之法於古籍中普遍存在，如《逸周書·官人解》、《大戴禮記·文人官人》、《莊子·列禦寇》、《呂氏春秋·論人》皆是。就此觀之，中國傳統論人觀，頗與用人官人之意相連而發展〔註8〕。除知人能官人外，知人對私我亦有莫大助益，舉凡與人相交否，或擇王而從，皆有待知人之明，否則生命將有不保之虞。范蠡謂越王句踐為人「長頸烏喙，可與共患難，不可與共樂。」〔註9〕故其於佐助句踐復國後便乘舟浮海以行，保全了生命，此為知人對本身助益之例證。劉邵在《人物志》自序言及「夫聖賢之所美，莫美乎聰明，聰明之所貴，莫貴乎知人。」〔註10〕就其意推之，知人更是聖賢者所須具備之條件。

　　人物品評達於最理想之境地，在於能名副其實，品評者若具知人之能，一方面將使品評的結果更趨於事實，另一方面，因信任其有知人之明，故對其所評相對地認為較具可靠性。其實，知人與品人含某種程度關係，因具有

〔註6〕　《尚書注疏》（四部備要，經部中華書局據阮刻本校刊），卷四，〈皋陶謨〉，頁10後。
〔註7〕　劉邵，《人物志》，自序，頁1前。
〔註8〕　唐君毅，《中國哲學原論（原性篇）》，頁141。
〔註9〕　瀧川龜太郎，《史記會注考證》，卷四十一，〈越王句踐世家〉，頁668。
〔註10〕　同註7。

詳察識人的能力，才能品鑒人物，而《世說新語》中品評者是否具知人之明呢？其情形如何？在所整理出較重要品評者三十二人中〔註11〕，其中確有知人之能者，如居品評之首的謝安就有知人之能，史書記載其知人情形云：

> 常疑劉牢之既不可獨任，又知王味之不宜專城。牢之既以亂終，而味之亦以貪敗，由是識者服其知人。〔註12〕

又如劉惔，史書載：

> （劉）惔每奇（桓）溫才，而知其有不臣之跡。……及後竟如其言。
> 嘗薦吳郡張憑，憑卒爲美士，眾以此服其知人。〔註13〕

其爲品評者亦居前位，這說明了知人與品評關係的部份事實。不過知人與品評也非絕對並存不可，因知人並非易事，而品評卻是隨人隨處可行之事，只不過具知人之明對人所做的評論，其品評結果更能取信於人。就整理三十二位品評者而言，也並非每人皆有知人之能，如居品評者之前位者孫綽、王導於史籍上並無知人之能的記載。事實上，在三十二位中有知人之能者不過只有謝安、王衍、劉惔、裴楷、劉訥、龐統、王戎、桓彝等八人而已〔註14〕，據此可知，在品評中具知人之明者並不普遍。但凡有知人之能者，通常會對人物有諸多的評論，如《晉書》卷三十五〈裴楷傳〉記載：

> （裴）楷有知人之鑒，……。嘗目夏侯玄云「肅肅如入宗廟中，但見禮樂器」，鍾會「如觀武庫森森，但見矛戟在前」，傅嘏「汪翔靡所不見」，山濤「若登山臨下，幽然深遠」。〔註15〕

又如同書卷四十三〈王戎傳〉言及：

> （王）戎有人倫鑒識，嘗目山濤如璞玉渾金，人皆欽其寶，莫知名其器；王衍神姿高徹，如瑤林瓊樹，自然是風塵表物。謂裴頠拙於用長，荀勖工於用短，陳道寧緩緩如束長竿。〔註16〕

此說明了另一事實即具詳察識人之能者，通常會品鑒人物。再者，知人與否，通常是透過對人的評論及其表現結果證驗而知的，故知人者常能扮演品評者的角色。

〔註11〕見《世說新語》品評者品評人數情況簡表。
〔註12〕《晉書》，卷七十九，〈謝安傳〉，頁2076。
〔註13〕《晉書》，卷七十五，〈劉惔傳〉，頁1991。
〔註14〕見附錄三：人物傳略表。
〔註15〕《晉書》，卷三十五，〈裴楷傳〉，頁1050。
〔註16〕《晉書》，卷四十三，〈王戎傳〉，頁1235。

　　品評者除具知人之特色外，是否還具備特殊才能呢？曹魏之世，何晏、王弼善談玄理，爲晉人所崇慕標榜，號爲清談之開宗〔註17〕，在當時社會，實沉浸於清談氣氛之中，品評者是否也善談呢？《世說新語‧賞譽》第四十八條載：

　　　　時人欲題目高坐而未能。桓廷尉以問周侯，周侯曰：「可謂卓朗。」

　　　　桓公曰：「精神淵箸。」〔註18〕

引文中的「題目」，徐復觀先生認爲就是「人倫鑒識」中的「鑒識」，指出題目者須具玄學的修養，以得到美的觀照能力〔註19〕。就實地考察，品評者善談論或好玄學者頗有其人，更有精於論難辯言者，如謝安弱冠時，詣王濛清言良久；王衍妙善玄言，唯談老莊爲事；劉惔雅善言理，尤好老莊；簡文帝清虛寡欲，尤善玄言；王敦雅善清談；庾亮善談論，性好莊老；裴楷尤善老易，特精義理；謝鯤好老易；王戎善發談端；阮裕論難甚精；殷浩尤善玄言，好老易；支遁以清談著名于時；郗超善談論，義理精微等等〔註20〕。據此觀之，徐復觀先生看法頗爲可信，但此應爲理想中之要求，非善談或具玄學修養者爲題目者仍有其人。不過大抵而言，品評者之善談或具玄學修養較具有知人之明爲多，從此或可顯示出另一訊息即知人之難甚於談論。

　　就品評者本身聲名而言，其人並非等閒之輩，有在年幼即擁有美譽或被稱美者，如謝安少有盛名，時多愛慕，年四歲時，譙郡桓彝見而歎曰：「此兒風神秀徹，後當不減王東海。」；王導年十四，陳留高士張公見而奇之，謂其從兄敦曰：「此兒容貌志氣，將相之器也。」；桓溫生未朞而太原溫嶠見之，曰：「此兒有奇骨，可試使啼。」及聞其聲，曰：「眞英物也！」；王恭少有美譽；謝鯤少知名；武陔沉敏有器量，早獲時譽，與二弟韶叔夏、茂季夏並總角知名〔註21〕。據此可知，品評者本身之美早被見賞。另外，深受雅重者或能聳動觀聽，其鑒賞常被認可，而雅重情形或爲名流所敬重，如劉惔；或爲帝王所器重，如庾亮；或爲眾所推服，如張華；或名顯朝廷，如桓彝〔註22〕。綜上觀之，這些品評者基本上在當時社會皆擁有盛名。就品評者所居最高官

〔註17〕周紹賢，《魏晉清談述論》，頁5。

〔註18〕《世說新語‧賞譽八》，四十八條，頁448～449。

〔註19〕徐復觀，《中國藝術精神》，頁153。

〔註20〕同註14。

〔註21〕同註14。

〔註22〕同註14。

品觀之，大抵皆在五品官以上，依重要品評者居前八位而言，雖然一品官不少（如謝安、王導、王衍、王敦），但亦有三品（孫綽、劉惔）、五品（王濛），故並不因官品較低就減輕其在品評活動中的重要性。張蓓蓓女士認為晉代以鑑識人物著稱者，大多有名兼有位，但位可以不高，而名則不可不大〔註23〕。以上的論說正印證了張氏所言的部份事實，但就整體而言，官品高者所佔比例相當大（一品十人；二品五人；三品八人；四品三人；五品二人）。就品評者的家世而言，其祖先幾乎皆曾在朝為官，可見《世說新語》中所記載的品評活動仍以士大夫為主。盧雲先生《漢晉文化地理》一書認為，西晉時代的文化發達區域，基本上仍繼承三國時期的分布狀況，北方仍是豫兗青徐司雍地區與三輔地區，南方主要為吳、會、丹陽一帶〔註24〕。觀品評者之郡望地域，除太原晉陽王氏屬并州、張華居幽州及龐統居荊州外，其餘皆屬豫兗青徐司雍文化發達地區，可見品評活動仍以文化發達區為主要活動範圍。而參與品評者雖大多是曾在朝為官之士大夫，但也有具特殊身分者，如高僧支遁、簡文帝初為王後為帝，不過並不多見。而在士大夫之列但亦具外戚身分者有王濛、庾亮、王恭等人〔註25〕。另外，值得一提的是，雖未被列為重要品評者，但實際參與品評的也見有婦女身分者，如謝道蘊、宋褘、山濤妻及王廣婦等〔註26〕。在傳統禮教嚴明下，未有男女平等觀念之際，而能行品評之事，這可能與魏晉時期戰亂相循、社會紛亂、禮教約束力失效有關，陳東原先生甚且將謝夫人與山濤妻評夫之行為，視為晉代女子風雅之代表〔註27〕。而婦女品評之對象雖僅限於其親人並未擴及外人，在品評內容上，亦非討好諂媚之評，但若就言論權力而言，謝夫人等婦女似具初步言論權，雖說並不普遍，但卻事實存在。

　　東漢末，桓靈黨禍，政治環境險惡，繼之三國鼎立，情況未變，曹魏、司馬氏爭權之際，亦難產生理想政治環境。為本身政治利益而陷人於危難中，更屢見不鮮，因而常動輒得咎，為保全性命，只好游心事外，處事行為趨於放達，一時之際，使魏晉沉浸於放達風氣中。故就品評者性情而言，有不少人正具有此氣質，如孫綽性通率，好譏調；王羲之任率；裴楷行己任率；王

〔註23〕張蓓蓓，〈漢晉人物品鑒研究〉，頁 180～181。
〔註24〕盧雲，《漢晉文化地理》，頁 114。
〔註25〕同註 14。
〔註26〕見附錄一：《世說新語》品評者狀況總表。
〔註27〕陳東原，《中國婦女生活史》，頁 87。

戎任率不修威儀；王恭簡率；謝鯤任達不拘等〔註28〕，此正足以說明時代環境塑造人物性格。雖說魏晉之際，老莊道家思想彌漫，但儒家思想並不因此全然泯滅，就品評者行為觀之，仍有力行儒家德目者，如謝安處家常以儀範訓示子弟；庾亮風格峻整，動由禮節，閨門之內不肅而成；周顗性寬裕而友愛過人；張華少自修謹，造次必以禮度；阮裕以德業知名等〔註29〕。綜上可知，品評者之性情，並非趨於單一方向，而是守禮教者及放達任行兩皆有之。而魏晉人物品評內容，有針對容貌美儀進行品評的，而品評者之容貌甚佳，不乏其人，如王濛、庾亮美姿容、裴楷容儀俊爽、王恭美姿儀、桓溫姿貌甚偉等。〔註30〕

　　就重要品評者與被評者兩角色觀之，其中不乏同時扮演兩種角色的，如謝安、王衍、劉惔、簡文帝、王濛、王敦、王羲之、周顗、桓溫、庾亮、王戎、殷浩、支遁、王忱、王獻之〔註31〕。在此兩種角色中，其重要程度無異，如擔任品評者與被品評者皆居排行之前的，如謝安、王衍、劉惔、王濛、王羲之〔註32〕；品評者與被評者在重要性上差別較大者，如簡文帝、王敦、桓溫等皆以任品評者角色為重，而殷浩則以被評者身分出眾〔註33〕。另外，不具重疊角色為品評者，如王導、孫綽、蔡洪、襲楷、劉訥、謝鯤、王恭、張華、龐統、王澄、王胡之、阮裕、周嵩、武陔、桓彝、郗超、傅嘏〔註34〕；被評者如衛玠、山濤、王述、王坦之、衛永、謝尚、王玄、王珣、桓玄、庾統、許詢、陸機、嵇康、樂廣。〔註35〕

　　就被評者而言（指不具品評者身分），與品評者之最大差異在全無知人之記載。而雖仍見受雅重，但卻不如品評者多。以仕宦官品觀之，品評者位居一品官者為數不少，而被品者卻只有山濤、桓玄位居一品官，另外被評者出現七品官是品評者所無的。由此可知，品評者在官品上大致較高。就家世而言，被評者與品評者無異。而在郡望地域上，被品者仍不脫離豫兗青徐司雍文化發達區。以品評者品評人數情況簡表、被評者被評人數情況簡表觀之，

〔註28〕同註14。
〔註29〕同註14。
〔註30〕同註14。
〔註31〕參見《世說新語》品評者品評人數情況簡表與被評者被評人數情況簡表。
〔註32〕同註31。
〔註33〕同註31。
〔註34〕同註31。
〔註35〕同註31。

發現一個特殊現象,即瑯琊王氏在三十二位品評者中佔八人,而在二十九位被評者中占七人〔註36〕,無任何家族像王氏之例。據此可知,瑯琊王氏無論在扮演品評者角色或擔任被評者身分,皆居重要地位。換言之,瑯琊王氏在品評活動中相當活躍,而這或有助於其家族聲譽的傳揚,進而影響其成爲王氏盛門因素之一。以下章節將酌予論述,於此不贅。

第二節 人物品評關係類型

　　家庭爲社會組織的基本單位,也是個人最先產生社會關係的地方,換言之,社會關係是經由家庭關係擴展的。而此關係體系的正常運作,在中國實憑藉一套人倫的道理加以維繫,而所謂的君臣、父子、夫婦、兄弟、朋友等五倫,實已將人倫關係全部包括。易言之,人所展現的各種關係,即爲各種倫理。梁漱溟先生在《中國文化要義》一書中指出,中國是倫理本位的社會〔註37〕,它不從社會本位或個人本位出發,而是從人與人之關係著眼,而這種關係,即是種種倫理,也就是說,倫理本位即關係本位。而在這種以倫理爲本位的社會,所強調的是人與人之間的互動及交流,因而在談論人物品評社會風向時,自然要對參與者的關係加以注意。

　　「關係」一詞爲日常所習用,其應用範圍相當廣泛,但若要確知其意,就必須尋索辭典,據《現代漢語辭典》對此詞的解釋有六,其中二意爲「事物之間相互作用,相互影響的狀態……」及「人和人或人和事物之間某種性質的聯繫……」〔註38〕。喬健先生在〈關係芻議〉一文中對「關係」所下定義爲:一個或一個以上的個人或團體一個或一個以上的個人或團體間相互作用,相互影響的狀態〔註39〕。而其論述關係的種類有十二種,分別爲親屬、同鄉、同學、同事、同道、世交、老上司、老部下、業師、門生、同派、朋友〔註40〕。就人物品評關係而言,是指經由品評的活動促使兩人聯繫的相對關係。本文試圖以品評所建構的關係爲基礎,進而尋索品評者與被評者更深層的關係。

〔註36〕 同註31。
〔註37〕 梁漱溟,《中國文化要義》,頁80。
〔註38〕 《現代漢語詞典》,頁401。
〔註39〕 喬健,〈關係芻議〉,《中央研究院民族學研究所專刊》乙種之十,頁345。
〔註40〕 同註39,頁346〜347。

　　考察《世說新語》中人物品評關係，大抵可分為兩大類，一為親屬關係；
一為交遊關係。就親屬關係而言，可分為來自血緣的關係及經由婚姻聯結所
構成的姻戚關係。在品評上具血緣關係之類型有：祖評孫、父評子、子評父、
兄評弟、弟評兄、姊評弟、從兄評從弟、從弟評從兄、從父評從子、從子評
從父、同族評等，如下表：〔註41〕

〔註41〕血緣關係情形如下：
　　　　瑯琊王氏世系簡表

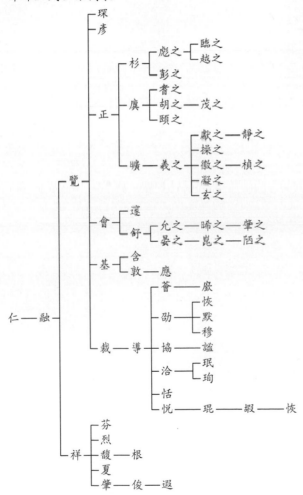

（本表據《晉書》及《世說新語》製成）
王述子坦之。（《晉書》卷七十五，頁 1967）
陳諶字季方，寔少子也。才識博達，司空掾公車徵，不就。（《世說新語・德
行一》第七條劉孝標注引〈海內先賢傳〉）
庾亮攜其三弟懌、條、翼南奔溫嶠，……。（《晉書》卷七十三，頁 1918）

表三：《世說新語》血緣關係品評表

品評關係	品評者	被評者	品　評　內　容	資料來源
祖評孫	衛瓘	衛玠	此兒有異，顧吾老，不見其大耳！	7:8
父評子	王澄	王徽	風氣日上，足散人懷。	8:52
	王敦	王應	其神候似欲可。	8:49
	王導	王恬	阿奴恨才不稱！	14:25
	王述	王坦之	人言汝勝我，定不如我。	5:47
	王述	王坦之	王僧恩（王禕之）輕林公，藍田曰：「勿學汝兄（王坦之），汝兄自不如伊（林公）。」	9:64
子評父	陳諶	陳寔	吾家君譬如桂樹生泰山之阿，上有萬仞之高，下有不測之深；上為甘露所霑，下為淵泉所潤。當斯之時，桂樹焉知泰山之高，淵泉之深，不知有功德與無也！	1:7
	陳紀	陳寔	忠臣孝子也。	2:6
兄評弟	王衍	王澄	誠不如卿落落穆穆。	8:27
	庾亮	庾翼	為荒年穀	8:69
	周嵩	周謨	碌碌。	7:14
弟評兄	王敦	王含	家兄在郡定佳，廬江人士咸稱之！	5:28
	王澄	王衍	阿兄形似道，而神鋒太儁。	8:27
	王獻之	王徽之	兄伯蕭索寡會，還酒則酣暢忘反，乃自可矜。	8:151
	周嵩	周顗	為人志大而才短，名重而識闇，好乘人之弊，此非自全之道。	7:14
姊評弟	謝道蘊	謝遏	汝何以都不復進，為是塵務經心，天分有限。	19:28
從兄評從弟	王戎	王衍	神姿高徹，如瑤林瓊樹，自然是風塵外物。	8:16
	王敦	王舒	風概簡正，允作雅人，自多於邃。	8:46
	桓玄	桓謙	我家中軍（桓謙），那得及此（殷仲文）也。	9:88

周浚三子：顗、嵩、謨。(《晉書》卷六十一，頁 1659)

桓彝有五子：溫、雲、豁、祕、沖。桓玄為溫孽子。而沖有七子：嗣、謙、脩、崇、弘、羨、怡。

殷仲堪，仲文之從兄也，少有美譽。(《世說新語‧賞譽八》第一五六條劉孝標注引《續晉陽秋》)

庾統為庾懌子，而懌為亮弟。

從弟評從兄	王　衍	王　戎	我與王安豐（王戎）說延陵、子房，亦超超玄箸。	2：23
	殷仲文	殷仲堪	雖不能休明一世，足以映徹九泉。	8：156
從父評從子	王　導	王羲之	逸少何緣復減萬安邪？	9：28
	王　敦	王羲之	汝是我佳子弟，當不減阮主簿。	8：55
	王　導	王彭之	還其所知。	26：8
	王　導	王彪之	還其所知。	26：8
	王羲之	王臨之	我家阿林，章清太出。	8：120
	庾　亮	庾　統	豐年玉。	8：69
	王　澄	王　玄	志大其量，終當死塢壁間。	7：12
從子評從父	王　應	王　彬	當人彊盛時，能抗同異，此非常人所行，及睹衰危，必興愍惻。	7：15
	王　應	王　舒	守文，豈能作意表行事？	7：15
	王楨之	王獻之	亡叔是一時之標。	9：86
	卞　令	卞　向	朗朗如百問屋。	8：50
	庾　亮	庾　敳	家從談談之許。	8：41
	庾　亮	庾　敳	神氣融散，差如得上。	8：42
同　族　評	王　戎	王　祥	居在正始中，不在能言之流。及與之言，理中清遠，將無以德掩其言！	1：19
	王　導	王　衍	巖巖清峙，壁立千仞。	8：37
	王　敦	王　衍	處眾人中，似珠玉在瓦石閒。	14：17

說明：資料來源皆出於《世說新語》，7：8 意爲〈識鑒七〉第八條。

　　而具姻戚關係類型有：翁評婿、舅評甥、評妻兄、妻評夫、夫評妻、從舅評等，如下表：〔註42〕

〔註42〕姻戚關係情形如下：
　　　王珣兄弟皆謝氏婿，以猜嫌致隙。太傅謝安既與珣絕婚，又離珉妻，由是二族遂成仇釁。（《晉書》卷六十五，頁1756）
　　　韓康伯清和有思理，幼爲舅殷浩所稱。（《世說新語・賞譽八》第九十條劉孝標注引《續晉陽秋》）
　　　謝安妻，劉惔妹也。（《晉書》卷七十九，頁2073）
　　　王夷甫（衍）父乂，有簡書，將免官，夷甫年十七，見所繼從舅羊祜，申陳事狀，辭甚俊偉。（《世說新語・識鑒第七》第五條劉孝標注引《晉陽秋》）

表四：《世說新語》姻戚關係品評表

品評關係	品評者	被評者	品　　評　　內　　容	資料來源
翁　評　婿	謝　安	王　珣	向見阿瓜，故自未易有。雖不相關，正是使人不能已已。	8：147
	范　甯	王　忱	卿風流儁望，眞後來之秀。	8：150
舅　評　甥	王　濟	衛　玠	珠玉在側，覺我形穢！	14：14
	殷　浩	韓康伯	少自標置，居然是出群器。及其發言遣辭，往往有情致。	8：90
評　妻　兄	謝　安	劉　惔	亦奇自知，然不言勝長史。	9：73
	謝　安	劉　惔	語審細。	8：116
妻　評　夫	謝道蘊	王凝之	一門叔父，則有阿大、中郎。群從兄弟，則有封、胡、遏、末。不意天壤之中，乃有王郎！	19：26
	山濤妻	山　濤	君才致殊不如，正當以識度相友耳。	19：11
	宋　褘	謝　尙	王（敦）比使君（謝尙），田舍、貴人耳！	9：21
	王廣婦	王　廣	大丈夫不能仿彿彥雲，而令婦人比蹤英傑。	19：9
夫　評　妻	王　廣	王廣婦	新婦神色卑下，殊不似公休（諸葛誕）！	19：9
從　舅　評	羊　祜	王　衍	亂天下者，必此子也！	7：5

說明：資料來源皆出於《世說新語》，8：147 意爲〈賞譽八〉第一四七條。

　　由以上兩品評關係表可知，親屬關係中的品評，以親疏角度觀之，從親密的直系、旁系關係至甚爲疏遠的族人關係皆有之；而就輩份而言，並無嚴格限制只容許長輩對晚輩的評論，事實上，整個品評呈現出：上評下、平輩評、下評上之情形。由此顯示，整個品評狀況是相當活潑的，這與當時社會崇尚自由當有關，並不侷限於儒家所強調的尊卑有序、不容僭越之傳統。據此觀點，亦可證余英時先生所言，此時的人倫關係講究的是「親至」而不是「尊卑」〔註43〕。而葛建平先生認爲，合乎「禮」的家庭倫常道德及尊卑貴賤名分受到門閥統治者的重視，在這裏卻得不到證明〔註44〕。再就評論內容而言，雖說魏晉人物品評鑒賞意義大於褒貶意義，但仍可見惡評之例。不過，惡評之例，多屬訓誡性質，仍有期勉改進之意味，基本上多屬上評下之情形，

〔註43〕余英時，〈名教危機與魏晉士風的演變〉，收入氏著《中國知識階層史論（古代篇）》，頁 343。

〔註44〕葛建平，〈東晉南朝社會中的家庭倫常〉，《中山大學學報》（哲學版，廣州），1990 年 8 月，頁 25～33。

如父評子例中的王導評王恬、王述評王坦之，從父評從子例中的王導評王彭之、王彪之，王澄評王玄。魏晉時代，人倫關係講究的「親至」，亦可適用於夫婦關係上，親密的情感代替禮教約束，實爲以情代禮，傳統對婦女三從四德的要求業已動搖，所謂「夫不御婦，則威儀廢缺；婦不事夫，則義理墮闕。」的觀念已被懷疑〔註45〕。在人物品評親屬關係類型中，出現了妻評夫的案例，如謝道蘊評王凝之，甚且在評論內容上爲惡評。綜上所見整個親屬關係，實已包含五倫中的父子、兄弟、夫婦三種關係。

　　而在血緣關係中，有一現象頗爲特殊值得一提，即王氏占各類型之主要部份，王氏如依郡望可區分爲瑯琊王氏與太原王氏，而太原王氏只占二例，皆爲王述評子王坦之，可知仍以瑯琊王氏爲主。何以瑯琊王氏在人物品評的親屬關係中占居如此重要性呢？其又透露何意義呢？頗值得探究。按瑯琊王氏之興，起於王導勸元帝南下建立根基，並藉王氏聲望爲元帝建立威儀，其佐助東晉立足江左，實可看出王氏一門在當時的重要性，難怪當時有「王與馬，共天下」之謠〔註46〕。毛漢光先生認爲，品德重於一切、文才的重視、重視禮法、重視外貌與儀態、清談及應對及重視藝術，爲當時社會上比較重視的社會價值。而王氏能歷久不衰，這可能與王氏家族的特性最接近社會價值觀念有關。此外，認爲在當時社會，一人兼具數種才情，如美貌風儀及善清談，或工書善屬文等，則容易在相互標榜的風氣下成爲「名士」〔註47〕。而王氏子弟中善談者或有才藝者頗多，自然容易成爲標榜的對象，故王氏子弟有名於當世者極多。何啓民先生認爲「門弟」地位高下，除取決於門戶的人口多寡、世代久暫、祿位高低之外，與名譽大小亦有關〔註48〕。孫以繡先生在申述王謝世家保持祿位之依憑時，認爲除借由攫取權勢的手段外，世家本身亦須具備聲望、風標、學識、才能等條件〔註49〕。而人物的品評活動，實爲獲取名譽、聲望的一種方法，而瑯琊王氏一門在品評活動上的活躍性，推測應亦有助其門第之盛。又孫氏在探討王謝世家保持祿位之手段時，言及王謝門中，固然人才濟濟，但在東晉之初，突然會造成那樣大的聲勢，並得以繼續綿延甚久，大抵卻是靠同族人及勢家大

〔註45〕《後漢書》，卷八十四，〈曹世叔妻傳〉，頁2788。
〔註46〕《晉書》，卷九十八，〈王敦傳〉，頁2554。
〔註47〕毛漢光，〈中古大士族之個案研究——瑯琊王氏〉，收入氏著《中國中古社會史論》，頁394～400。
〔註48〕何啓民，《中古門第論集》，頁3。
〔註49〕孫以繡，《王謝世家之興衰》，頁59～65。

姓的彼此吹噓、捧場和援引〔註50〕。而親屬關係中的人物品評，瑯琊王氏占居多數，這或可做爲同族人對門第中人吹噓援引之佐證。

人物品評關係的第二類，爲交遊關係。在文獻資料中可尋繹出具「友善」關係者如下：

謝幼輿（鯤）曰：「友人王眉子（玄）清通簡暢，嵇延祖（紹）弘雅劭長，董仲道（養）卓犖有致度。」〔註51〕

司馬景王、文王皆與（陳）泰親友，及沛國武陔亦與泰善。〔註52〕

（桓）溫豪爽有風概，姿貌甚偉，面有七星。少與沛國劉惔善。〔註53〕

（劉惔）性簡貴，與王羲之雅相友善。〔註54〕

（王濛）與沛國劉惔齊名友善。〔註55〕

王濛、謝尚猶伺其（殷浩）出處，以卜江左興亡，因相與省之，知浩有確然之志。〔註56〕

（王）胡之常遺世務，以高尚爲情，與謝安相善也。〔註57〕

（謝安）與王羲之及高陽許珣、桑門支遁遊處，出則漁弋山水，入則言詠屬文，無處世意。〔註58〕

（嵇康）所與神交者惟陳留阮籍、河內山濤，豫其流者河內向秀、沛國劉伶、籍兄子咸、琅邪王戎，遂爲竹林之游，世所謂「竹林七賢」也。〔註59〕

王戎、裴楷，二人齊名交好。〔註60〕

郗尚書（恢）與謝居士（敷）善。〔註61〕

〔註50〕 同註49，頁115。
〔註51〕 《世說新語・賞譽八》，三十六條，頁441。
〔註52〕 《三國志》，卷二十二，〈陳泰傳〉，頁641。
〔註53〕 《晉書》，卷九十八，〈桓溫傳〉，頁2568。
〔註54〕 《晉書》，卷七十五，〈劉惔傳〉，頁1991。
〔註55〕 《晉書》，卷九十三，〈王濛傳〉，頁2418。
〔註56〕 《晉書》，卷七十七，〈殷浩傳〉，頁2044。
〔註57〕 《世說新語・賞譽八》，一二五條，劉孝標注引王胡之別傳，頁485。
〔註58〕 《晉書》，卷七十九，〈謝安傳〉，頁2072。
〔註59〕 《晉書》，卷四十九，〈嵇康傳〉，頁1370。
〔註60〕 《世說新語・德性一》，二十條，余嘉錫箋疏部份，頁23。
〔註61〕 《世說新語・棲逸十八》，十七條，頁662。

而其品評情況及內容有如下表：

表五：《世說新語》中交遊關係品評表

品評者	被評者	品　　評　　內　　容	資料來源
謝　鯤	王　玄 嵇　紹 董　養	清通簡暢 弘雅劭長 卓犖有致度	8：36
武　陔	陳　泰	通雅博暢，能以天下聲教爲己任者，不如（陳群）也。明練簡至，立功立事，過之（陳群）。	9：5
劉　惔	桓　溫	鬢如反猬皮，眉如紫石稜，自是孫仲謀、司馬宣王一流人	14：27
王羲之	劉　惔	標雲柯而不扶疎	8：88
王　濛	劉　惔	劉尹知我，勝我自知	8：109
王　濛	劉　惔	韶音令辭不如我；往輒破的，勝我	9：48
劉　惔	王　濛	性至通，而自然有節	8：87
劉　惔	王　濛	阿奴今日不復減向子期	9：44
劉　惔	王　濛	阿奴比丞相，但有都長	9：43
王　濛	殷　浩	非以長勝人，處長亦勝人	8：81
王　濛	殷　浩	識致安處，足副時談	8：115
王　濛	殷　浩	觸事長易	8：121
謝　安	王胡之	司州可與林澤遊	8：125
謝　安	王胡之	司州造勝遍決	8：129
謝　安	王羲之	右軍勝林公	9：85
謝　安	支　遁	林公在司州前亦貴徹	9：85
謝　安	支　遁	見林公雙眼，黯黯明黑	14：37
謝　安	支　遁	正爾有超拔，支乃過殷。然騣騣論辯，恐口欲制支	9：67
阮　籍	王　戎	俗物已復來敗人意！	25：4
山　濤	阮　咸	清眞寡欲，萬物不能移也	8：12
裴　楷	王　戎	眼爛爛如巖下電	14：6
郗　恢	謝　敷	識見雖不絕人，可以累心處都盡	18：17

另外，還有所謂的「同好」，如：

> 孫綽、李充、許詢、支遁等皆以文義冠世，並築室東土，與（王）義之同好。〔註62〕

〔註62〕《晉書》，卷八十，〈王羲之傳〉，頁 2099。

王羲之就曾歎賞支遁「器朗神儁」〔註63〕，這種「同好」之誼，亦屬交遊關係的一種。而因交遊關係，而擴及品評友人之子，如：

> 王黃門兄弟三人俱詣謝公（安），子猷、子重多說俗事，子敬（獻之）寒溫而已。既出，坐客問謝公：「向三賢孰愈？」謝公曰：「小者最勝。」〔註64〕

此爲謝安與王羲之交遊而評其子。又有人問謝安：「王獻之可與先輩何人相比？」謝安回答：

> 阿敬（王獻之）近撮王（濛）、劉（惔）之標。〔註65〕

此爲將王獻之與王濛、劉惔視爲同一流人物，而王獻之不與習鑿齒併榻而坐，謝安對其評論則爲：

> 子敬實自清立，但人爲爾多矜咳，殊足損其自然。〔註66〕

至於〈識鑒〉二十五條、〈品藻〉七條〔註67〕，亦屬此類。此外，有爲同事關係的，如裴楷與張華、王戎並管機要〔註68〕；庾亮與司徒王導受遺詔輔幼主〔註69〕。而裴楷曾評王戎「眼爛爛如巖下電」〔註70〕；王導曾評庾亮爲「塵汙人」〔註71〕，其中一爲善評，一爲惡評。以上所述，實爲朋友之倫的品評活動。而五倫之中的君臣關係（指上下關係），在品評活動中亦出現，如謝安曾爲桓溫司馬〔註72〕，而桓溫曾評其「居然不可陵踐其處，故乃勝也。（優於殷仲文）」〔註73〕，此屬上評下之例；晉孝武年十二時，夙惠已見，謝安曾歎

〔註63〕　《世說新語・賞譽八》，八十八條，頁470。
〔註64〕　《世說新語・品藻九》，七十四條，頁539。
〔註65〕　《世說新語・品藻九》，七十七條，頁540。
〔註66〕　《世說新語・忿狷三十一》，六條，頁888。
〔註67〕　《世說新語・識鑒七》，二十五條：郗超與傅瑗周旋，瑗見其二子並總髮。超觀之良久，謂瑗曰：「小者才名皆勝，然保卿家，終當在兄」即傅亮兄弟也。頁406；《世說新語・品藻九》，七條：冀州刺史楊淮二子喬與髦，俱總角爲成器。淮與裴頠、樂廣友善，遣見之。頠性弘方，愛喬之有高韻，謂淮曰：「喬當及卿，髦小減也。」廣性清淳，愛髦之有神檢，謂淮曰：「喬自及卿，然髦尤精出。」淮笑曰：「我二兒之優劣，乃裴、樂之優劣。」論者評之：以爲喬雖高韻，而檢不匝；樂言爲得。然並爲後出之儁，頁507。
〔註68〕　《晉書》，卷三十五，〈裴楷傳〉，頁1049。
〔註69〕　《晉書》，卷七十三，〈庾亮傳〉，頁1918。
〔註70〕　《世說新語・容止十四》，六條，頁610。
〔註71〕　《世說新語・輕詆二十六》，四條，頁827。
〔註72〕　《世說新語・排調二十五》，二十六條載：謝公（安）在東山，朝命屢降而不動。後出爲桓宣武（溫）司馬，將發新亭，朝士咸出瞻送，頁801。
〔註73〕　《世說新語・品藻九》，四十五條，頁525。

「上理不減先帝（簡文帝）」〔註74〕，此屬下評上。就整個人物關係類型觀之，五倫關係全展現在品評活動中。

　　而文獻上雖未明載交友關係，但因雅相器重進而品評，亦見其例。如揚州刺史殷浩素雅重王羲之〔註75〕，而於〈賞譽〉八十條、一〇〇條，則見殷浩評王羲之：

　　　　……清貴人。吾於之甚至，一時無所後。〔註76〕

　　　　清鑒貴要。〔註77〕

另在品評中，也有相處不睦但仍見品評的，如《晉書》卷六十七記載：

　　　　（郗超）常謂其父名公之子，位遇應在謝安右，而安入掌機權，惜優游而已，恆懷憤憤，發言慷慨，由是與謝氏不穆。安亦深恨之。〔註78〕

而在〈品藻〉篇可見郗超評謝安：

　　　　郗嘉賓（超）道謝公（安）：「造膝雖不深徹，而纏綿綸至。」〔註79〕

此語意謂謝安在談論真理上，雖不夠徹底，但卻相當嚴整精密。另在同篇八十二條中，亦見謝安評郗超：

　　　　王子敬問謝公（安）：「嘉賓（郗超）何如道季？」答曰：「道季誠復鈔撮清悟，嘉賓故自上。」〔註80〕

以為郗超勝於庾龢。就此品評二例內容觀之，並不因不睦，在品評上就加以貶惡，相反地，所欣賞的乃是對方優點。又王恭與王忱本有交情，後因袁悅從中挑撥，遂有疑隙，但王恭對王忱品目曰：「王大（忱）故自濯濯。」〔註81〕亦是鑒賞之評，可見晉人風度之雅範，並不因交惡，在品評上就給予惡貶。

　　傳統中國婦女留給人們的印象，總是大門不出二門不邁。此種印象對魏晉時期而言卻有修正之必要，《抱朴子》外篇卷二十五〈疾謬〉載：

〔註74〕《世說新語‧夙惠十二》，六條，頁593。

〔註75〕同註62，頁2094。

〔註76〕《世說新語‧賞譽八》，八十條，頁467。

〔註77〕《世說新語‧賞譽八》，一〇〇條，頁476。

〔註78〕《晉書》，卷六十七，〈郗超傳〉，頁1804。

〔註79〕《世說新語‧品藻九》，六十二條，頁533。

〔註80〕《世說新語‧品藻九》，八十二條，頁544。

〔註81〕《世說新語‧賞譽八》，一五三條，頁497。

今俗婦女……舍中饋之事，修周旋之好，更相從詣之適親戚，乘星
舉火，不已於行，多將侍從，暐暐盈路，婢使吏卒，錯雜如市；尋
道褻謔，可憎可惡。或宿于他門，或冒夜而反，游戲佛寺，觀視漁
畋；登高臨水出境慶弔；開車褰幃，周章城邑；盃觴路酌，絃歌行
奏。轉相高尚，習非成俗。〔註82〕

可見婦女的社交活動頗爲盛行。由於傳統婦女的地位並未受到重視，因此對
婦女的記載頗爲有限，正史列女傳中，也只不過是偏重於貞女節婦的義行記
載。而在魏晉人物品評風尚中，很難得的發現婦女被評之例，在《世說新語》
的〈賢緩〉篇中記載濟尼評王夫人、顧家婦之情形云：

謝遏絕重其姊，張玄常稱其妹，欲以敵之。有濟尼者，並遊張、謝
二家。人問其優劣？答曰：「王夫人神情散朗，故有林下風氣。顧家
婦清心玉映，自是閨房之秀。」〔註83〕

從濟尼所下之評論內容，與正史列女傳所載忠孝、貞烈事蹟之著重點不同，
而所謂的「神情散朗」、「清心玉映」皆與轉統對婦女的三從四德要求無關。
余嘉錫先生對此條有所見地，以爲王夫人以一女子而有林下風氣，足見其爲
女中名士，至稱顧家婦爲閨房之秀，不過婦人中之秀出者而已，不言其優劣，
而高下自見〔註84〕，此說明了濟尼欣賞婦女才華勝於閨中秀婦，這或許只能
視爲濟尼個人的欣賞角度，尚不足以說明晉人的普遍認同，但至少已有人注
意到婦女的才華，並將之形諸言語。

除前文所述，能明確尋繹出品評關係外，尚有於文獻資料上未發現有關
係，但亦有品評行爲者。除此之外，在品評上有所謂的公評、時人論，此爲
當時人對某一人物的共同看法，這亦屬人物品評的一種。其實，這種公論、
時評，並非突起於魏晉時代，據《先秦漢魏晉南北朝詩》記載，時人爲應瑒
語云：「南山四皓，不如淮陽一老。」〔註85〕世稱王貢語云：「王陽在位，貢
公彈冠」〔註86〕。可見最晚於漢代已有公評之現象，而前輩學者於此多未論
及，故特提出。以下將《世說新語》所見公評世論整理如下表：

〔註82〕 《抱朴子》（四部叢刊初編子部，上海商務印書館縮印江南圖書館藏明魯藩刊
　　　　本），外篇卷二十五，〈疾謬〉，頁182。
〔註83〕 《世說新語·賢媛十九》，三十條，頁699。
〔註84〕 《世說新語·賢媛十九》，三十條，余嘉錫箋疏部份，頁699。
〔註85〕 逯欽立輯校，《先秦漢魏晉南北朝詩》，頁135。
〔註86〕 同註85，頁137。

表六：《世說新語》中「世目」表

被評者	世　目　品　評　內　容	資料來源
王　綏	試守孝子	1：42
阮　脩	三語掾	4：18
樂　廣 潘　岳	若樂（廣）不假潘（岳）之文，潘不取樂之旨，則無以成斯矣	4：70
山　該	勝山公	5：15
山　濤	不學孫、吳，而闇與之理會	7：4
張　翰	見機	7：10
李　膺	謖謖如勁松下風	8：2
裴　秀	後來領袖	8：7
裴　頠	言談之林藪	8：18
馮　蓀 李　順 邢　喬	才清 才明 純粹	8：22
庾　敳	善於託大，長於自藏	8：44
周　顗	嶷如斷山	8：56
王　述	癡	8：62
楊　朗	沈審經斷	8：63
庾　亮 庾　翼	豐年玉 荒年穀	8：69
杜　乂 褚　裒	標鮮 穆少	8：70
杜　乂	標鮮清令，盛德之風，可樂詠也	8：71
謝　尚	令達	8：104
王坦之 郗　超	楊州獨步 後來出人	8：126
王　脩 王　蘊	秀出 清和	8：137
袁　虎	開美	8：145
王　恭	常有新意，不覺為煩	8：155
溫　嶠	過江第二流之高者	9：25
阮　裕	骨氣不及右軍，簡秀不如真長，韶潤不如仲祖，思致不如淵源，而兼有諸人之美	9：30

殷　浩	思緯淹通，比羊叔子	9:51
王　敦	高尙	13:2
夏侯玄 李　豐	朗朗如日月之入懷 頹唐如玉山之將崩	14:4
毛　曾	（魏明帝使后弟毛曾與夏侯玄共坐）蒹葭倚玉樹	14:3
潘　岳 夏侯湛	連璧	14:9
裴　楷	玉人	14:12
王義之	飄如遊雲，矯若驚龍	14:30
王　恭	濯濯如春月柳	14:39
許　詢	非徒有勝情，實有濟勝之具	18:16
張　翰	江東步兵	23:20
周　顗	三日僕射	23:28
張　湛 袁山松	屋下陳屍 道上行殯	23:43
向　秀 王　戎 劉　怜 阮　咸 阮　籍 嵇　康 山　濤	竹林七賢	23:1

說明：資料來源皆出於《世說新語》，1：42 意爲〈德行一〉四十二條。

　　由上表可知世論之豐富性。就上表與《世說新語》被評者被品人數情況
簡表對照觀之，得知樂廣、山濤、周顗、王述、庾亮、謝尚、王坦之、殷浩、
王敦、王義之、許詢、王戎、嵇康，不但爲個人所評論，甚且成爲大眾所評
論的對象。而以表的內容觀之，皆就人物的特色而言，有具體之描寫，亦有
抽象之描述。而個人之評與公評的內容是否有相同觀點呢？察考其情形如
下：世目以謝尚爲令達，而阮遙集也說謝尚清暢似達〔註87〕。另外，孫綽也
以謝尚爲清易令達〔註88〕。世目殷浩：「思緯淹通，比羊叔子。」而簡文也說
殷浩「語不超詣簡至；然經綸思尋處，故有局陳。」〔註89〕兩者皆以思慮角

〔註87〕《世說新語・賞譽八》，一〇四條，頁477。
〔註88〕《世說新語・品藻九》，三十六條，頁521。
〔註89〕《世說新語・賞譽八》，一一三條，頁481。

度爲品評。衛玠時人謂之「看殺衛玠」，而王濟則讚歎衛玠「珠玉在側，覺我形穢！」〔註90〕兩者同以容止作爲品評點。由此可知，個人之評與公評確實有以同角度作爲評論點，但基本上並不多，僅此三例。

第三節　品評內容與時代環境

《論語》爲孔子與其弟子對話集，其思想理念最易體現於其中。孔子論理想人格模式，往往以「君子」爲言，特別推崇君子，而君子之道爲何呢？這或許可在孔子讚揚子產的一段話得知：

> 子謂子產有君子之道四焉。其行己也恭、其事上也敬、其養民也惠、
> 其使民也義。〔註91〕

就孔子之意，以爲子產可被稱爲君子，是因其行爲表現出恭、敬、惠、義等特質，皆爲德性之目。可知孔子在品鑒人物時，是以「德行」爲根據的。又孔子曾以四科舉門人之才：

> 德行：顏淵、閔子騫、冉伯牛、仲弓。言語：宰我、子貢。政事：
> 冉有、季路。文學：子游、子夏。〔註92〕

而以「德行」爲首，可見其對德行之看重。

在中國社會裡，孔子地位之尊崇，及其影響性是有目共睹的。其思想言論，不僅在學術史上，占重要地位，甚且在日常生活或制度上，亦受其影響。董仲舒就曾建議武帝：

> 不在六藝之科孔子之術者，皆絕其道，勿使並進。邪辟之說滅息，
> 然後統紀可一而法度可明，民知所從矣。〔註93〕

在一切以孔子之術爲依歸下，孔子的影響力是可知的。故在孔子重德行下，以爲區別人品的準則，當然亦成爲漢代官人取士的原則。就漢代入仕之途而言，主要經由地方察舉，而博士弟子成績優異者，亦有入仕之可能。而博士弟子的擇取，有其資格限制，據公孫弘所奏，博士弟子選舉如下：

> 太常擇民年十八以上儀狀端正者，補博士弟子。郡國縣官有好文學，
> 敬長上，肅政教，順鄉里，出入不悖，所聞，令相長丞上屬所二千

〔註90〕　《世說新語‧容止十四》，十四條，頁613。
〔註91〕　《論語集解義疏》，卷三，〈公冶長第五〉，頁46。
〔註92〕　同註91，卷六，〈先進第十一〉，頁107。
〔註93〕　《漢書》，卷五十六，〈董仲舒傳〉，頁2523。

石。二千石謹察可者，常與計偕，詣太常，得受業如弟子。〔註94〕
其中對博士弟子須具敬長上、肅政教、順鄉里、出入不悖等要求，實乃以德
行為著眼點，可知在擇才用人上，乃以德行為標準。在此情形下，對人的考
察與品評就不免要看重德行了。

班固〈古今人表〉將上古至秦末人物，具體地區別等級評論高下。其品
鑒依據標準，在序言中可得知：

> 可與為善，不可與為惡，是謂上智。……可與為惡，不可與為善，
> 是謂下愚。……可與為善，可與為惡，是謂中人。因茲以列九等之
> 序……。〔註95〕

就「善」、「惡」兩字觀之，亦以德行為言。《漢書》為後漢明、章之世，班固
所作，就其以德行為品論前人之依據，推測時人品人之觀點，應與班固差距
不遠，因品論活動與當時社會環境及需求，是脫離不了關係的，而班固的評
論標準當應符合社會價值觀。再者，從東漢末的人物標榜觀之，《後漢書・黨
錮傳》序言：

> 自是正直廢放，邪枉熾結，海內希風之流，遂共相摽榜，指天下名
> 士，為之稱號。上曰「三君」，次曰「八俊」，次曰「八顧」，次曰「八
> 及」，次曰「八廚」，……。〔註96〕

根據范曄的解釋，「君」為「一世所宗」；「俊」為「人之英」；「顧」為「能以
德行引人」；「及」為「能導人追宗」；「廚」為「能以財救人」〔註97〕。由此
可知，當時指稱天下名士，所重視的仍是士人的德行及影響力，而非看重個
人的特殊風格。劉增貴先生認為後漢末的人物評論項目，大抵仍包含才、德、
學，與漢代選舉所重相同，仍以社會上人倫之項目為主，但內容卻開闊不
少。不過，評論內容，已漸能注意士人的特色，對人物的「風格」已漸強
調，這種超越實際事功，而著重人物本身的價值，卻成為魏晉品評人物依據
的先驅。〔註98〕

魏晉時期，評人的標準產生了變化，這除受東漢末已漸注意人物風格影

〔註94〕《漢書》，卷八十八，〈儒林傳〉，頁3594。
〔註95〕《漢書》，卷二十，〈古今人表〉，頁861。
〔註96〕《後漢書》，卷六十七，〈黨錮傳〉，頁2187。
〔註97〕同註96。
〔註98〕劉增貴，〈論後漢末的人物評論風氣〉，收入杜維運等編《中國史學論文選集
第六輯》，頁331～335。

響外，還有其歷史因素。就其原因可分人爲與時勢兩方面來談。在人爲方面，
東漢末，群雄割劇，曹操嶄露頭角，挾天子以令諸侯，爲魏世之開創者，成
爲三國鼎立盟主之一，而其個性任俠放蕩，不治行業〔註99〕，不爲名教所束
縛，因此難以用名教禮規來作爲取才之標準。就當時世局而言，天下正處於
分崩離析之際，在亂世之中，德行之清高往往不濟於事，反而不如有才者對
世局來得有用，因而當時所迫切渴求的是排解紛亂之才，故曹操屢下求才令。
如建安十五年（210）求賢令：

> 自古受命及中興之君，曷嘗不得賢人君子與之共治天下者
> 乎！……。今天下尚未定，此特求賢之急時也。……！今天下得無
> 有被褐懷玉而釣于渭濱者乎？又得無盜嫂受金而未遇無知者乎？二
> 三子其佐我明揚仄陋，唯才是舉，吾得而用之。〔註100〕

又建安十九年（214）有取士無廢偏短令，令曰：

> 夫有行之士未必能進取，進取之士未必能有行也。陳平豈篤行，蘇
> 秦豈守信邪？而陳平定漢業，蘇秦濟弱燕。由此言之，士有偏短，
> 庸可廢乎！有司明思此義，則士無遺滯，官無廢業矣。〔註101〕

又建安二十二年（217）舉賢勿拘品行令：

> 今天下得無有至德之人放在民間，及果敢不顧，臨敵力戰；若文俗
> 之吏，高才異質，或堪爲將守；負污辱之名，見笑之行，或不仁不
> 孝而有治國用兵之術：其各舉所知，勿有所遺。〔註102〕

以上之令文，均說明曹操「唯才是舉」之思想，在這種唯才是用的情況下，
無疑地，也促使人物的品評標準有了轉變，而逐漸脫離以德行爲標準的框架
中。

清談辯論活動，在當時社會，已成爲日常生活的一部份。其時清談盛況，
據《世說新語・文學》二十二條記載：

> 殷中軍爲庾公長史，下都，王丞相爲之集，桓公、王長史、王藍田、
> 謝鎮西並在。丞相自起解帳帶麈尾，語殷曰：「身今日當與君共談析
> 理。」既共清言，遂達三更。〔註103〕

〔註99〕 《三國志》，卷一，〈武帝紀〉，頁2。
〔註100〕 《三國志》，卷一，〈武帝紀〉，頁32。
〔註101〕 《三國志》，卷一，〈武帝紀〉，頁44。
〔註102〕 《三國志》，卷一，〈武帝紀〉，魏書注，頁49～50。
〔註103〕 《世說新語・文學四》，二十二條，頁212。

又同篇三十一條載：

> 孫安國往殷中軍許共論，往反精苦，客主無閒。左右進食，冷而復煖者數四。彼我奮擲塵尾，悉脫落，滿餐飯中。賓主遂至莫忘食。〔註104〕

可知聚談時間之久，以至廢寢忘食，及論辯之激烈。清談盛況之情，由林麗眞女士在探討清談名士類型時，指出上自帝王、宗室、貴戚、大臣，下至術士、佛徒、甚至婦孺，所在皆有，其參與者之普遍亦可看出〔註105〕。而人物品評的內容與時代環境實爲相互呼應，因人是活於時代之中的，所謂「時勢造英雄」或「英雄造時勢」即在說明此現象。清談風氣由人所造成，而所造成清談之風，又足影響人，故在對人物進行品評時，常見以「言談」爲視角做爲評論之依據，如下表：

表七：《世說新語》中以「言談」爲評點一覽表

品評者	被評者	品　　評　　內　　容	資料來源
王　衍	裴　頠	善談名理，混混有雅致	2：23
王　導	殷　浩	向來語，乃竟未知理源所歸，至於辭喻不相負。正始之音，正當爾耳！	4：22
簡　文	劉　惔	（殷與孫共論易象妙於見形。……。一坐咸不安孫理，而辭不能屈。）使眞長來，故應有以制彼	4：56
王　濛	謝　安	向客亹亹，爲來逼人	8：76
劉　惔	庾　敳	雖言不愔愔似道，突兀差可以擬道	9：58
劉　惔	江　灌	不能言而能不言	8：135
庾　亮	庾　敳	家從談談之許	8：41
支　遁	王　濛	作數百語，無非德音，如恨不苦	8：92
王　衍	王　衍	我與樂令談，未嘗不覺我爲煩	8：25
王　衍	郭　象	語議如懸河寫水，注而不竭	8：32
王　衍	山　濤	此人初不肯以談自居，然不讀老莊，時聞其詠，往往與其旨合	8：21
謝　安	劉　惔	語審細	8：116
謝　安	王　濛	語甚不多，可謂有令音	8：133

〔註104〕《世說新語‧文學四》，三十一條，頁219～220。
〔註105〕林麗眞，〈魏晉清談主題之研究〉，頁50。

謝　安	嵇　康	（郗嘉賓問謝太傅曰：林公談何如嵇公？）嵇公勤著腳，裁可得去耳	9：67
謝　安	支　遁	正爾有超拔，支乃過殷。然亹亹論辯，恐口欲制支	9：67
王　敦	衛　玠	不意永嘉之中，復聞正始之音。阿平若在，當復絕倒	8：51
王胡之	殷　浩	陳勢浩汗，眾源未可得測	8：82
簡　文	劉　惔	語末後亦小異，回復其言，亦乃無過	8：118
簡　文	殷　浩	語不超詣簡至；然經綸思尋處，故有局陳	8：113
簡　文	殷　浩	（人問撫軍：殷浩談竟如何？）不能勝人，差可獻酬群心	9：39
鍾　會	裴　楷	裴公之談，經日不竭	8：5
衛　瓘	樂　廣	自昔諸人沒已來，常恐微言將絕。今乃復聞斯言於君矣！	8：23

　　據此表可知，當時清談並非祥和氣平之閒談，而是一種類似辯論之活動，希望能理出真理，是具競賽意味的。這可從簡文評劉惔、王濛評謝安、支遁評王濛、謝安評支遁等例得知。而所謂善談者，並不依言語之多寡而論，固然言語議論如河水渲瀉滔滔不絕者，容易被視為善談者，如郭象；但即使言語不多，但有雅致者，亦被讚賞，如王濛。正始年間，何晏、王弼玄言議論，形成正始之音，每為後人競相祖述，更為後人所企慕〔註106〕。故在品評內容中，亦以正始之音來描繪善談者，如王導評殷浩、王敦評衛玠、衛瓘評樂廣等皆是。就對表的觀察，被評者似以殷浩、劉惔為多。而在《晉書》卷七十七〈殷浩傳〉載：

　　　　（殷）浩識度清遠，弱冠有美名，尤善玄言，與叔父融俱好老易。融
　　　　與浩口談則辭屈，著篇則融勝，浩由是為風流談論者所宗。〔註107〕
殷浩在言談上被評次數之多，與其為風流談論者所尊敬與追隨正能相互印證。又《晉書》卷七十五〈劉惔傳〉載：

　　　　桓溫嘗問（劉）惔：「會稽王談更進邪？」惔曰：「極進，然故第二
　　　　流。」溫曰：「第一復誰？」惔曰：「故在我輩。」〔註108〕
此為以「談」來品第人物等級之例，這正足以說明人物品評內容與時代環境重談論相契合。

〔註106〕正始之風尚，為後人企慕情形，可參見顧炎武《日知錄》卷十三〈正始〉條，頁41。
〔註107〕《晉書》，卷七十七，〈殷浩傳〉，頁2043。
〔註108〕《晉書》，卷七十五，〈劉惔傳〉，頁1991。

　　清談之風，除重談辯內容外，亦兼及附屬清談外在的講究，如清談者的儀態，林瑞翰先生認爲清談者須儀態閑雅，始易受人敬重，故善談論者多美姿容〔註109〕。錢穆先生觀察《世說新語‧賞譽》認爲，當時人品評人物之風，實遠自東漢一貫而來，又見當時人非不重視一人之品德，惟其品德之衡量，則別有標準。又見當時人喜把外面一切人事全擺開，專從其人所表現在其本身者作品目，因之事功德業有非所重，而其人之儀容舉止，言辭吐音，反多爲人注意〔註110〕。劉頌就曾上疏反映此現象，其言：

> 今閭閻少名士，官司無高能，其故何也？清議不肅，人不立德，行
> 在取容，故無名士。〔註111〕

意在力挽狂瀾，復其古風，使清議能肅，人能立德，可知此時「行在取容」之趨勢。又據《晉書》卷五十五〈潘岳傳〉載：

> （潘）岳美姿儀，辭藻絕麗，尤善爲哀誄之文。少時常挾彈出洛陽
> 道，婦人遇之者，皆連手縈繞，投之以果，遂滿車而歸。時張載甚
> 醜，每行，小兒以瓦石擲之，委頓而反。〔註112〕

可見姿儀美者之受歡迎，而醜形之受憎惡者之一斑。就此觀之，在當時社會，特別注意個人儀容舉止時，人物品評的內容，當然不離容貌主題。如王羲之評杜乂：

> 面如凝脂，眼如點漆，此神仙中人。〔註113〕

杜乂又被桓伊評爲「膚清」〔註114〕。此爲直接評論杜乂容貌之美。另外，運用比喻手法，言姿容之美者，如《世說新語‧容止》十四條：

> 驃騎王武子（濟）是衛玠之舅，儁爽有風姿，見玠輒歎曰：「珠玉在
> 側，覺我形穢！」〔註115〕

類此之例仍多見，茲不復舉。可見品評內容與時代環境是相關連的。

　　魯迅先生曾撰〈魏晉風度及文章與藥及酒之關係〉，推敲其意，似在說明文章、藥及酒，構成了魏晉時人所重的「風度」，而「風度」兩字常被用來作

〔註109〕林瑞翰，《魏晉南北朝史》，頁797。
〔註110〕錢穆，〈略論魏晉南北朝學術文化與當時門第之關係〉，《新亞學報》五卷二期，1963年，頁41～42。
〔註111〕《晉書》，卷四十六，〈劉頌傳〉，頁1301。
〔註112〕《晉書》，卷五十五，〈潘岳傳〉，頁1507。
〔註113〕《世說新語‧容止十四》，二十六條，頁620。
〔註114〕《世說新語‧品藻九》，四十二條，頁524。
〔註115〕《世說新語‧容止十四》，十四條，頁613。

爲對人物欣賞的用詞。魯迅先生文中所指的藥，應是寒食散，據劉孝標注引
秦丞相寒食散論曰：

> 寒食散之方雖出漢代，而用之者寡，靡有傳焉。魏尚書何晏首獲神
>
> 效，由是大行於世，服者相尋也。〔註116〕

意即寒食散自何晏服食後始盛行。而何晏對寒食散之體認爲：

> 服五石散，非唯治病，亦覺神明開朗。〔註117〕

可知寒食散功效，不僅在治病，更具使人神明儁朗之能，而後者之效，更爲
人所重。因當時對人物的欣賞正是神明開朗之風采，如：

> 劉琨稱祖車騎爲朗詣，……。〔註118〕

> 時人欲題目高坐而未能。桓廷尉以問周侯，周侯曰：「可謂卓
>
> 朗。」……。〔註119〕

> 卞令目叔向：「朗朗如百間屋。」〔註120〕

> 簡文目敬豫（王恬）爲「朗豫」。〔註121〕

而服寒食散，有助於此形象之營造。綜上所述，寒食散的服食之風及其效用，
正與人物賞鑒特點不謀而合，兩者之間或有關係。酒之爲用，或在澆愁，借
以忘卻不如意之事，處亂世之際，借酒酣更足以保全性命，如：

> （阮）籍本有濟世志，屬魏晉之際，天下多故，名士少有全者，籍
>
> 由是不與世事，遂酣飲爲常。〔註122〕

類似阮籍之行爲者亦所在多見。故酒對時人而言，是不可或缺的，飲酒之風
是相當盛的。而在人物品評中，也見針對飲酒情形而評者，如劉惔評何充：

> 見何次道飲酒，使人欲傾家釀。〔註123〕

又王獻之評兄王徽之：

> 兄伯蕭索寡會，遇酒則酣暢忘反，乃自可矜。〔註124〕

〔註116〕《世說新語・言語二》，十四條，劉孝標注引秦丞相寒食散論，頁74。

〔註117〕《世說新語・言語二》，十四條，頁74。

〔註118〕《世說新語・賞譽八》，四十三條，頁445。

〔註119〕《世說新語・賞譽八》，四十八條，頁448。

〔註120〕《世說新語・賞譽八》，五十條，頁449。

〔註121〕《世說新語・賞譽八》，一〇六條，頁478。

〔註122〕《晉書》，卷四十九，〈阮籍傳〉，頁1360。

〔註123〕《世說新語・賞譽八》，一三〇條，頁486。

〔註124〕《世說新語・賞譽八》，一五一條，頁494。

此二例足可說明品評內容與生活的關連性。毛漢光先生〈中古大士族之個案研究——瑯琊王氏〉一文，指出當時社會價值觀諸要點，其中包括文才的重視〔註125〕。而在人物品評中，亦見針對文才而評者，如〈賞譽〉一三四條：

　　謝鎮西（尚）道敬仁（王脩）「文學鑣鑣，無能不新」。〔註126〕

又〈文學〉八十四、八十九條，孫綽評潘岳、陸機之文：

　　孫興公（綽）云：「潘（岳）文爛若披錦，無處不善；陸（機）文若排
　　沙簡金，往往見寶。」〔註127〕

　　孫興公（綽）云：「潘（岳）文淺而淨，陸（機）文深而蕪。」〔註128〕

可知人物評論與社會價值之相互呼應。

　　魏晉崇尚老莊玄虛思想，在此氣氛下，魏晉文學亦具玄虛傾向〔註129〕。而在人物品評內容上，實重人物的內在精神，屬抽象範疇，因而使用之品評語句，亦多趨向玄虛之言，如以「神」爲主的評語，如下表：

表八：《世說新語》中以「神」為評點一覽表

品評者	被評者	品　評　內　容	資料來源
庾　亮	庾　斁	神氣融散，差如得上	8：42
王羲之	支　遁	器朗神儁	8：88
王　澄	王　衍	形似道，而神鋒太儁	8：27
王　戎	王　衍	神姿高徹，如瑤林瓊樹，自然是風塵外物	8：16
王　敦	王　應	其神候似欲可	8：49
桓　溫	高坐道人	精神淵箸	8：48
桓　伊	衛　玠	奕奕神令	9：42
王　珣	簡　文	相王作輔，自然湛若神君	14：34

以「清」爲主的評語，如下表：

〔註125〕毛漢光，〈中古大士族之個案研究——瑯琊王氏〉，收於氏著《中國中古社會史論》，頁395～400。
〔註126〕《世說新語・賞譽八》，一三四條，頁488。
〔註127〕《世說新語・文學四》，八十四條，頁261。
〔註128〕《世說新語・文學四》，八十九條，頁269。
〔註129〕華正書局編輯部編著，《中國文學發展史》，頁240。

表九：《世說新語》中以「清」為評點一覽表

品評者	被評者	品　評　內　容	資料來源
鍾　會	裴　楷	清通	8：6
武　陔	裴　楷	清通	8：14
殷　浩	王羲之	清貴人。吾於之甚至，一時無所後	8：80
殷　浩	王羲之	清鑒貴要	8：100
謝　安	庾　龢	誠復鈔撮清悟	9：82
孫　綽	劉　惔	清蔚簡令	9：36
孫　綽	謝　尚	清易令達	9：36
孫　綽	袁　羊	洮洮清便	9：36
謝　鯤	王　玄	清通簡暢	8：36
司馬道子	王　忱	羅羅清疎	8：154
阮　孚	謝　尚	清暢似達	8：104
王羲之	王臨之	章清太出	8：120

此為品評內容受老莊玄虛思想影響之例證。老莊思想為時所崇尚，就此推論，亦可說明品評受環境之影響。

魏晉之際，世局紛亂，時人之人生態度不外三種，一為對人生感到厭倦而及時行樂；二為逃避心理隱逸山林中；三為對生命產生無比的貪戀，希望延年益壽〔註130〕。魏晉道教盛行，而道教可分丹鼎、符籙二派，丹鼎派重鍊丹服食；符籙派重符祝醮禱〔註131〕。就此二派，皆在企求達成人類追求長生不老之欲望，而此正與神仙觀念有關〔註132〕，此種對神仙的想望，常於魏晉詩文中顯露〔註133〕。而在人物品評中，亦見以神仙概念來評人，如孟昶於籬間窺看王恭而歎曰：

> 此真神仙中人！〔註134〕

〔註130〕孟瑤，《中國文學史》，頁119。
〔註131〕同註109，頁823。
〔註132〕同註109，頁821。
〔註133〕同註129，頁241。在曹操的氣出唱、精列、陌上桑、秋胡行諸詩裏，已充滿了仙道的典故。阮籍的詠懷詩，到處都是王喬、羨門、赤松、河上的字眼。曹植有洛神賦、仙人篇、遠遊篇、升天行，王粲陳琳都有神女賦，郭璞是以遊仙詩著名的，張華、張協、成公綏、何劭諸人，也都有遊仙詩。
〔註134〕《世說新語・企羨十六》，六條，頁634。

又王洽遙望王濛而歎曰：

    此不復似世中人！〔註135〕

據此可知，品評的內容與時人的人生企盼有某種程度的相關。

　　東漢末經學陷於考據煩瑣中，對人生實用助益已漸減，經學式微，隨之而起的是自由玄學之風，此促成魏晉個人意識的覺醒〔註136〕。人物的行爲表現自禮法框架中超脫，時人所重的是，能表現個人的獨特性，即所謂的個性。唐君毅先生認爲：「個性者，種類性所不能加以規定者也。眞有個性之人者，即恒表現自世俗之常行規矩格套中，遁逸而出之人也。自常行規矩格套中，遁逸而出，謂之有逸氣、有風度。亦即可謂之有個性之人。」〔註137〕據考察《世說新語》中人物品評內容，多就人物本身各方面加以描寫、形容、嗟嘆、讚美，少有重複。唐君毅先生認爲，具個性者，不陷於成規框架中，故難用特定幾個文詞加以評論或歸類〔註138〕。「風流」二字有用之作爲對人品評的語句，而對風流之了解正是難以用特定字眼定義，足以表現人物的個性，在《世說新語》中可發現風流例證，如陶侃大歎庾亮「非唯風流，兼有治實。」〔註139〕范甯說王忱「卿風流儁望，眞後來之秀。」〔註140〕此正足以說明對人物個性的欣賞，由此可知崇尚自由之風，難將人限於特定類型中，促使在行人物品評時，自個性視角出發，這實是受環境的影響。

　　個人於生命歷程中，一方面在尋求社會認同，另方面卻以認識自我爲目的。蘇格拉底曾說「知汝自己」；中國人言「知己知彼」、「盡其在我」，此皆莫不以了解自我做爲人生目標。詹姆斯曾爲「自我」下定義：「自我是自己所知覺、感受與思想爲一個人者。」〔註141〕席蒙滋（Percival M. Symonds）則認爲自我是個人對自身的反應方式。自我包括四方面：（一）個人知覺自身的方式；（二）所知覺的內容；（三）對自身的評價；（四）擴展與防衛自身的獨特方式〔註142〕。而魏晉時人表現自我處處可見，此可從其對本身的評價得知，如：

〔註135〕《世說新語・容止十四》，三十三條，頁 624。
〔註136〕逯耀東，〈魏晉玄學與個人意識醒覺的關係〉，《史原》二期，頁 2。
〔註137〕唐君毅，《中國哲學原論（原性篇）》，頁 163。
〔註138〕同註 137，頁 160～161。
〔註139〕《世說新語・儉嗇二十九》，八條，頁 875。
〔註140〕《世說新語・賞譽八》，一五〇條，頁 494。
〔註141〕郭爲藩，《自我心理學》，頁 5。
〔註142〕同註 141，頁 6。

撫軍問殷浩：「卿定何如裴逸民？」良久答曰：「故當勝耳。」〔註143〕

此自評內容，脫離儒家所謂的謙遜原則，褒人以佳，隱己之優，此處所表現的是，肯定自己，顯現出自信的風采。又撫軍曾問孫綽：「劉惔、王濛、桓溫、謝尚、阮裕、袁羊、殷融等眾人如何？」孫綽評論各人特色優點後，撫軍又問孫綽自覺如何？其答曰：

下官才能所經，悉不如諸賢；至於斟酌時宜，籠罩當世，亦多所不
及。然以不才，時復託懷玄勝，遠詠老莊，蕭條高寄，不與時務經
懷，自謂此心無所與讓也。〔註144〕

據此內容，一方面雖揄揚、欣賞他人，覺己不如，但同時亦能自我欣賞，肯定自我的價值，不因不如他人，而全盤否定自己，此態度實爲表現自我存在的一種方式。另外，從桓溫、殷浩的對話：

桓公少與殷侯齊名，常有競心。桓問殷：「卿何如我？」殷云：「我
與我周旋久，寧作我。」〔註145〕

可知殷浩重視自我，寧願作自己，是肯定自己的獨一無二性，而此種「我之獨」思想，唐君毅先生認爲這正是魏晉思想最高嚮慕之所在。〔註146〕

康姆茲及史尼格曾說：「人不僅尋求維持自我，而且發展一圓滿的自我，一個能切實而有效地應付實際生活要求的自我。」又說：「人的基本需要是一種求圓滿的需要（need for adequacy）……人的行爲多姿多采，其目標莫不爲維持或加強自己對個人價值的知覺」〔註147〕。而《世說新語》中藉比論的同時，顯現個人特色價值，如〈方正〉六十四條：

孝武問王爽：「卿何如卿兄。」王答曰：「風流秀出，臣不如恭，忠
孝亦何可以假人！」〔註148〕

又如〈品藻〉十七條：

明帝問謝鯤：「君自謂何如庾亮？」答曰：「端委廟堂，使百僚準則，
臣不如亮。一丘一壑，自謂過之。」〔註149〕

〔註143〕《世說新語・品藻九》，三十四條，頁521。
〔註144〕《世說新語・品藻九》，三十六條，頁521。
〔註145〕《世說新語・品藻九》，三十五條，頁521。
〔註146〕同註137，頁168。
〔註147〕同註141，頁23。
〔註148〕《世說新語・方正五》，六十四條，頁341。
〔註149〕《世說新語・品藻九》，十七條，頁513。

此比論的評論方式，是自己對個人價值的知覺，充份顯示出自我的肯定。而此正是人生意義的追求，而魏晉時人追求自我，了解自我之企圖，在此顯露無遺。當然，在自評中，也非完全肯定自己，尚有純讚賞他人者，如〈賞譽〉二十五條：

> 王夷甫自歎：「我與樂令（廣）談，未嘗不覺我言爲煩。」〔註150〕

〈方正〉二十三條：

> ……。周侯方慨然愧歎曰：「我常自言勝茂弘，今始知不如也！」
> 〔註151〕

由此可知，魏晉時人不僅能肯定自我價值，尚且具有欣賞他人之涵養。

就前所述，魏晉的人物品評重個人的獨特風格，非以事功爲重，但就實際考察品評內容，以「國用之任才」爲評語之例仍可見，如〈賞譽〉五十八條：

> 王大將軍與丞相書，稱楊朗曰：「世彥識器理致，才隱明斷，既爲國器，且是楊侯淮之子。」〔註152〕

文中「國器」之意，即指治國之才具，而同篇七十二條：

> 庾公云：「逸少國舉。」〔註153〕

其意亦同，另外在〈品藻〉中云：

> 明帝問周伯仁：「卿自謂何如郗鑒？」周曰：「鑒方臣，如有功夫。」
> 復問郗。郗曰：「周顗比臣，有國士門風。」〔註154〕

文中「國士門風」，應指政治才用而言。唯此類之評，在整個品評內容中，已漸少見。綜上之陳述，大抵我們能了解時人欣賞的人物特質，如瀟灑、眞率、通達，是不受任可拘束的，只求能展現個人的獨特性。從《世說新語》中能體會此，如：

> 王子敬語謝公：「公故蕭灑。」……。〔註155〕

> 謝車騎（玄）初見王文度（坦之）曰：「見文度雖蕭灑相遇，其復惜惜竟夕。」〔註156〕

〔註150〕《世說新語・賞譽八》，二十五條，頁434。
〔註151〕《世說新語・方正五》，二十三條，頁305。
〔註152〕《世說新語・賞譽八》，五十八條，頁455。
〔註153〕《世說新語・賞譽八》，七十二條，頁462。
〔註154〕《世說新語・品藻九》，十四條，頁512。
〔註155〕《世說新語・賞譽八》，一四八條，頁494。
〔註156〕《世說新語・賞譽八》，一四九條，頁494。

此處「蕭灑」在形容清高超俗不受拘束。而以眞率爲內容，如：

　　　　簡文目庾赤玉（統）：「省率治除。」……。〔註157〕

　　　　簡文道王懷祖（述）：「才既不長，於榮利又不淡；直以眞率少許，

　　　　便足對人多多許。」〔註158〕

簡文認爲王述，雖無長才，但只憑眞率之特點，便足以勝人許多，就此可知，
眞率的人格特質爲人所重。以通達爲內容，如：

　　　　劉尹每稱王長史云：「性至通，而自然有節。」〔註159〕

此爲劉惔稱揚王濛，本性至爲通達，行爲舉止自然而有節度。又王忱曾歎曰：
「靈寶故自達。」〔註160〕此王忱以桓玄爲通達之人。就上所論，蕭灑、眞率
莫不是自在眞實地表現自己，這與儒家所企圖塑造的人格類型，是大不相同
的。魏晉人欲求表現完全的自我，不受任何禮教道德的拘束，在此又再度證
實。

　　就品評情形而言，從《世說新語‧賞譽》專篇可得知，在人物的品評
上，是以欣賞、讚譽爲主，雖如此，但不可就此認爲無惡評之例。事實上，
在《世說新語》的其他篇章，惡評仍見，不過爲數較少而已。茲就所知整理
如下表：

表十：《世說新語》中「惡評」之例表

品評者	被評者	品　評　內　容	資料來源
傅　嘏	夏侯玄	志大心勞，能合虛譽，誠所謂利口覆國之人	7:3
傅　嘏	何　晏 鄧　颺	有爲而躁，博而寡要，外好利而內無關籥，貴同惡異，多言而妒前。多言多釁，妒前無親	7:3
羊　祜	王　衍	亂天下者，必此子也！	7:5
潘　滔	王　敦	君蜂目已露，但豺聲未振耳。必能食人，亦當爲人所食	7:6
王　澄	王　玄	志大其量，終當死塢壁間	7:12
劉　訥	杜　育	拙於用長	9:8
卞　壼	郗　鑒	體中有三反：方於事上，好下佞己，一反。治身清貞，大修計校，二反。自好讀書，憎人學問，三反。	9:24

〔註157〕《世說新語‧賞譽八》，八十九條，頁471。
〔註158〕《世說新語‧賞譽八》，九十一條，頁472。
〔註159〕《世說新語‧賞譽八》，八十七條，頁470。
〔註160〕《世說新語‧任誕二十三》，五十條，頁762。

王　導	王　恬	阿奴恨才不稱！	14：25
阮　籍	王　戎	俗物已復來敗人意	25：4
范　啓	王獻之	舉體無饒縱，掇皮無餘潤	25：50
謝　鯤	周　顗	卿類社樹，遠望之，峨峨拂青天；就而視之，其根則群狐所託，下聚溷而已！	25：15
王　導	庾　亮	塵汙人	26：4
王　導	王彭之 王彪之	還其所知	26：8
王和之	謝　琰	霍霍如失鷹師	26：32

　　而這正足以與張蓓蓓女士所言新的人物品鑒，因先有標榜相高之性質，故大抵多言人長處勝處，少言人短處闕處，即賞鑒意義大於褒貶意義一看法相應證。〔註161〕

　　總結而言，魏晉是個人意識覺醒的時代，這促使在作人物品評時以個性視角出發，就人物本身特色加以描寫讚歎。當時社會盛行清談、重視容貌儀態，故有以「言談」、「容貌」為評論的焦點。時人對神仙產生企盼的人生態度及重「文才」的社會價值觀，皆顯露於品評之中。而品評內容出現以「神」、「清」的語句，正與當時崇尚老莊玄虛思想相呼應。從品評的內容特色可知，人物品評的標準，在魏晉時期產生了變化，而這正與環境因素有相當大的關係。

〔註161〕張蓓蓓，〈漢晉人物品鑒研究〉，頁 176。

第四章 人物品評之具體考察（下）

第一節 《人物志》與人物品評之關係

曹魏劉邵《人物志》，承襲漢末人物品題之風與政治名實論而問世。其內容論述兩大主題，一為知人的理論原則方法，一為人材的分類剖析與量能授官。其撰寫動機原出於「知人與官人」之實用目的，在其自序中詳言：

> 知人誠智，則眾材得其序，而庶績之業興矣。〔註1〕

觀此可知，其為設官分職、建立客觀標準之政治實用性而著書之用心。但除此目的外，由於現實因緣，在品評人物時，亦注意人材的內在情性表現和特殊價值，因此在品鑒性質上已含美學判斷之趨向。誠如牟宗三先生所言，《人物志》的工作，在針對人所表現的形態或姿態品鑒其源委，是直接就個體的生命人格，完全如其為人的品鑒，此種關於人的才性或體別、性格或風格的論述，是一種美學的判斷〔註2〕。在李澤厚、劉綱紀主編《中國美學史》裡亦言，從劉邵的同時代人何晏開始，政治性的人物品藻已朝著兩個方向迅速發生變化。一個是從政治上如何鑒別任用人才，轉向探討哲學性的人生價值意義，由此產生了玄學。另一個是從政治需要出發，對人物個性才能的評論，轉變為對人物才情風貌的審美品評。〔註3〕

《世說新語》中的人物品評，是以美學的鑒賞標準出發，對人的才性、情性所表現的諸多姿態進行品評，此為學術界的一致看法。而成書早於《世

〔註1〕劉邵，《人物志》，自序，頁1前。
〔註2〕牟宗三，《才性與玄理》，頁44。
〔註3〕李澤厚、劉綱紀主編，《中國美學史》（第二卷），頁90。

-57-

說新語》的《人物志》，在品鑒人物上，誠如前文所言，其論述方式是採取美學的鑒賞態度。觀此二書，其品鑒態度具一致性，不同處只是《人物志》重於泛論識鑒之理論，而《世說新語》則對人物進行實際的品鑒和欣賞，就此我們或可針對此二書，探討理論與實際的關涉性，尋索在實際品鑒行為上，是否依理論而行？《人物志》是否對《世說新語》產生某些直接間接的影響？以下嘗試論之。

　　《人物志》內容，據《四庫全書提要》記載，「其書主於論辨人才，以外見之符，驗內藏之器，分別流品，研析疑似。」〔註4〕在〈九徵〉篇中言及：

　　　　凡有血氣者，莫不含元一以為質，稟陰陽以立性，體五行而著形，
　　　　苟有形質，猶可即而求之。〔註5〕

此皆言藉由外以知內，由形所顯觀心所蘊。考察《世說新語》一書，有初見面即予品評者，如〈識鑒〉篇十七條：

　　　　戴安道（逵）年十餘歲，在瓦官寺畫。王長史見之曰：「此童非徒能
　　　　畫，亦終當致名。恨吾老，不見其盛時耳！」〔註6〕

又如〈賞譽〉篇一四九條：

　　　　謝車騎（玄）初見王文度（坦之）曰：「見文度雖蕭灑相遇，其復惕
　　　　惕竟夕。」〔註7〕

此種未經過長時期的觀察與考驗就遽下評論，實憑初次印象所感而評，其與《人物志》所言，「苟有形質，猶可即而求之」頗為相契。

　　在《人物志》中，論述知人基本原理的〈九徵〉篇有載：

　　　　雖體變無窮，猶依乎五質。故其剛柔明暢貞固之徵，著乎形容，見
　　　　乎聲色，發乎情味，各如其象。……。夫儀動成容，各有態度：……。
　　　　夫容之動作，發乎心氣，心氣之徵，則聲變是也。……。夫聲暢於
　　　　氣，則實存貌色：……。夫色見於貌，所謂徵神，徵神見貌，則情
　　　　發於目。〔註8〕

引文所言，實以儀態、容止、聲音、貌色、眼神等方面觀人。而《世說新語》中，亦見依循此理，做為品評之取向者，如〈容止〉篇二十七條：

　　〔註4〕見《人物志》，頁1後。
　　〔註5〕《人物志・九徵一》，頁1前。
　　〔註6〕《世說新語・識鑒七》，十七條，頁400。
　　〔註7〕《世說新語・賞譽八》，一四九條，頁494。
　　〔註8〕《人物志・九徵一》，頁2後～3前。

劉尹道桓公：鬢如反猬皮，眉如紫石稜，自是孫仲謀、司馬宣王一
流人。〔註9〕

此爲就貌色論人，區別人物流品。又〈識鑒〉篇六條：

潘陽仲（滔）見王敦小時，謂曰：「君蜂目已露，但豺聲未振耳。必
能食人，亦當爲人所食。」〔註10〕

此爲潘滔以眼神、聲音論王敦之例證。再者，依行止神色，判別人之優劣勝
負，其例如〈雅量〉十五條：

祖士少好財，阮遙集好屐，並恒自經營，同是一累，而未判其得失。
人有詣祖，見料視財物。客至，屏當未盡，餘兩小簏箸背後，傾身
障之，意未能平。或有詣阮，見自吹火蠟屐，因歎曰：「未知一生當
著幾量屐？」神色閑暢。於是勝負始分。〔註11〕

據此可知，《人物志》所言，決非不切實際的空論，不但在知人上適用，即在
品評人物上亦頗契合。易言之，知人與品人之基本原則，是相差不遠的，這
或可看出《世說新語》受《人物志》影響之處。

湯用彤先生〈讀人物志〉一文，言人物志有八大義，其中之一爲「重人
倫則尙談論」〔註12〕。人倫何指？《禮記・曲禮下》：「儗人必於其倫。」注
云：「儗猶比也，倫猶類也。」〔註13〕據此可知，人倫實指「人類」，即人之
類別。而所謂「重人倫則尙談論」一語，應有以言談區別人物流品之意。觀
《人物志・材理篇》內容，實言從談話與辯論中知人。《世說新語》中，亦可
見因言談而被評優劣之明顯例子，如〈方正〉篇十八條：

盧志於眾坐問陸士衡：「陸遜、陸抗，是君何物？」答曰：「如卿於
盧毓、盧珽。」士龍失色。既出戶，謂兄曰：「何至如此，彼容不相
知也？」士衡正色曰：「我父祖名播海內，甯有不知？鬼子敢爾！」
議者疑二陸優劣，謝公以此定之。〔註14〕

此爲陸機善談話應對，而謝安就此評兄弟優劣之例。又如〈品藻〉篇七十四
條：

〔註 9〕　《世說新語・容止十四》，二十七條，頁 620。
〔註 10〕　《世說新語・識鑒七》，六條，頁 391。
〔註 11〕　《世說新語・雅量六》，十五條，頁 357。
〔註 12〕　湯用彤，《魏晉玄學論稿》，頁 4。
〔註 13〕　鄭氏注，《禮記》（上海商務印書館縮印宋刊本），卷一，〈曲禮下〉第二，頁
17 上。
〔註 14〕　《世說新語・方正五》，十八條，頁 300。

> 王黃門兄弟三人俱詣謝公，子猷、子重多說俗事，子敬寒溫而已。
> 既出，坐客問謝公：「向三賢孰愈？」謝公曰：「小者最勝。」客
> 曰：「何以知之？」謝公曰：「吉人之辭寡，躁人之辭多，推此知
> 之。」〔註15〕

此爲據言辭之多寡，以論人之優劣。可見言談在知人、品人上具重要性。

知人若欲求簡單之法，可直接從神色、眸子、聲音、言論、行止等衡鑑觀審求得，但這或有不明不週之虞，欲確實能完全知人，則須輔以考驗之法，方爲較妥。而所謂的考驗之法，是指依特殊情境，觀人所爲，而知其爲人如何，《人物志・八觀篇》就提及考驗之法，這使整個《人物志》在知人理論原則上更顯完整。據劉邵之意八觀法之一爲「觀其奪救，以明間雜」，其云：

> 何謂觀其奪救，以明間雜？夫質有至有違，若至勝違，則惡情奪正，
> 若然而不然。故仁出於慈，有慈而不仁者；仁必有恤，有仁而不恤
> 者；厲必有剛，有厲而不剛者。……。睹危急則惻隱，將赴救則畏
> 患，是仁而不恤者。……〔註16〕

在急難之際，一人之性，最易從中透露而無法掩藏，故觀奪救實最易區分間雜似是而非之人。華歆、王朗優劣之別，見於《世說新語・德性》十三條：

> 華歆、王朗俱乘船避難，有一人欲依附，歆輒難之。朗曰：「幸尚寬，
> 何爲不可？」後賊追至，王欲舍所攜人。歆曰：「本所以疑，正爲此
> 耳。既已納其自託，寧可以急相棄邪？」遂攜拯如初。世以此定華、
> 王之優劣。〔註17〕

此爲華歆、王朗處危急之情，而有捨救之不同，世人因此據以論定優劣。這與劉邵教人以奪救明間雜之理實同。另外，「觀其感變，以審常度」亦爲八觀法內容，劉邵言：

> 何謂觀其感變，以審常度？夫人厚貌深情，將欲求之，必觀其辭旨，
> 察其應贊。夫觀其辭旨，猶聽音之善醜；察其應贊，猶視智之能否
> 也。故觀辭察應，足以互相別識。〔註18〕

此爲觀辭旨、察應對，足以區別人物。《世說新語・雅量篇》重點在描述士人於日常生活或處特殊境遇時，所表現的容色舉止，以見雅量所顯的從容。在

〔註15〕《世說新語・品藻九》，七十四條，頁539。
〔註16〕《人物志・八觀九》，頁9前～9後。
〔註17〕《世說新語・德行一》，十三條，頁14。
〔註18〕《人物志・八觀九》，頁10前～10後。

〈雅量〉共四十二條中，有明顯依從容與否，而定人優劣者，如二十六條：

> 王劭、王薈共詣宣武，正值收庾希家。薈不自安，逡巡欲去；劭堅坐不動，待收信還，得不定迺出。論者以劭爲優。〔註19〕

又如二十九條：

> 桓公伏甲設饌，廣延朝士，因此欲誅謝安、王坦之。王甚遽，問謝曰：「當作何計？」謝神意不變，謂文度曰：「晉阼存亡，在此一行。」相與俱前。王之恐狀，轉見於色。謝之寬容，愈表於貌。望階趨席，方作洛生詠，諷「浩浩洪流」。桓憚其曠遠，乃趣解兵。王、謝舊齊名，於此始判優劣。〔註20〕

王坦之、謝安原本齊名，卻因危急之境所表現的神意不變或恐狀不同，而被評定優劣，此實據觀感變審常度來論人。

　　以上所論，是就《人物志》知人原理而言。除此之外，《人物志》同時也提及在觀人時所可能產生的誤繆，因而有〈七繆〉篇之作。蓋知人誠難，劉劭於自序中言及：「夫聖賢之所美，莫美乎聰明，聰明之所貴，莫貴乎知人。」〔註21〕又於〈九徵〉篇言：「蓋人物之本，出乎情性。情性之理，甚微而元，非聖人之察，其孰能究之哉？」〔註22〕觀其文意，似在說明只有聖人才善知人，而聖人實不易見，故知人實爲難事，難怪古人有賢不可知，人不易識之嘆。劉劭言：

> 七繆，一曰察譽有偏頗之繆，二曰接物有愛惡之惑，三曰度心有小大之誤，四曰品質有早晚之疑，五曰變類有同體之嫌，六曰論材有申壓之詭，七曰觀奇有二尤之失。〔註23〕

七繆所言之第二點，主要是因個人主觀意識所造成，劉劭申論之，認爲喜愛善良之人，厭惡邪惡之人，乃是人之常情，如果不明善惡之質，就有離善趨惡之虞，所以如此，是惑於一己的愛惡之心〔註24〕。而這種愛惡之心，不僅

〔註19〕《世說新語‧雅量六》，二十六條，頁367。

〔註20〕《世說新語‧雅量六》，二十九條，頁369。

〔註21〕《人物志》，自序，頁1前。

〔註22〕《人物志‧九徵一》，頁1前。

〔註23〕《人物志‧七繆十》，頁1前。

〔註24〕《人物志‧七繆十》：「夫愛善疾惡，人情所常，苟不明質，或疏善善非。何以論之？夫善非者，雖非猶有所是；以其所是，順己所長，則不自覺情通意親，忽忘其惡。善人雖善，猶有所乏；以其所乏，不明己長，以其所長，輕己所短，則不自知志乖氣違，忽忘其善。是惑於愛惡者也。」頁2前～2後。

在知人上可能發生，同樣地在品評上亦可見，如王衍就受到山濤及羊祜差別的看待，據《世說新語・識鑒》五條記載：

> 王夷甫父乂為平北將軍，有公事，使行人論不得。時夷甫在京師，命駕見僕射羊祜、尚書山濤。夷甫時總角，姿才秀異，敍致既快，事加有理，濤甚奇之。既退，看之不輟，乃歎曰：「生兒不當如王夷甫邪？」羊祜曰：「亂天下者，必此子也！」〔註25〕

此顯然即因愛惡之心不同，而有南轅北轍之評。又同篇第三條記載何晏、鄧颺、夏侯玄求與傅嘏相交，傅嘏不答應，而對此三人有所評論云：

> 傅（嘏）曰：「夏侯太初，志大心勞，能合虛譽，誠所謂利口覆國之人。何晏、鄧颺有為而躁，博而寡要，外好利而內無關籥，貴同惡異，多言而妒前。多言多釁，妒前無親。以吾觀之：此三賢者，皆敗德之人耳！遠之猶恐罹禍，況可親之邪？」〔註26〕

觀此評論皆為惡評，余嘉錫先生箋疏認為，此乃魏之逆臣，其與何晏、鄧颺及玄、豐不平，皆以其為魏故，而自與鍾毓、鍾會、何曾、陳泰、荀顗善，則皆司馬氏之黨也。所譏何晏等語，大率以愛憎為之〔註27〕。顯然傅嘏之評，存愛憎之意，由於眾人之察，不能盡備，各自立度，以相觀采，形成所謂的「以情鑒察」，主觀愛憎矇蔽了客觀性，故評人之不符實情亦可想見。

劉邵於〈接識〉篇談及「能識同體之善，而或失異量之美。」〔註28〕又於〈七繆〉篇言：

> 是以偏材之人，交遊進趨之類，皆親愛同體而譽之，憎惡對反而毀之，……。推而論之，無他故焉。夫譽同體，毀對反，所以證彼非而著己是也。〔註29〕

此皆指出一般人對和自己個性氣質相近者就能欣賞，對不同者其接受程度就較低，頗具黨同伐異之意味。而在《世說新語》實際人物品評上，亦見「識同體以為優」之例，如〈品藻〉篇七條：

> 冀州刺史楊淮二子喬與髦，俱總角為成器。淮與裴頠、樂廣友善，遣見之。頠性弘方，愛喬之有高韻，謂淮曰：「喬當及卿，髦小減也。」

〔註25〕 《世說新語・識鑒七》，五條，頁389。
〔註26〕 《世說新語・識鑒七》，三條，頁384～385。
〔註27〕 同註26，余嘉錫箋疏部份，頁387。
〔註28〕 《人物志・接識七》，頁5後。
〔註29〕 《人物志・七繆十》，頁3後。

> 廣性清淳，愛髦之有神檢，謂淮曰：「喬自及卿，然髦尤精出。」淮
> 笑曰：「我二兒之優劣，乃裴、樂之優劣。」論者評之：以爲喬雖高
> 韻，而檢不匝；樂言爲得。然並爲後出之儁。〔註30〕

裴頠、樂廣論友人楊淮之子喬、髦兄弟之優劣，裴頠性弘方，而愛喬有高韻，
故以爲優；樂廣則性清淳，而愛髦有神檢，故以爲高，楊淮因而以爲二兒之
優劣乃是就裴、樂本人之優劣論之。文見楊淮依友人評子以論友人，顯然是
以人之常情「譽同體」之理推得，由此又可知《人物志》知人論人理論的實
際性。

　　綜合言之，《人物志》的品鑒原則，是魏晉以來流行的人倫品鑒依據，而
《世說新語》以記錄魏晉士人言行軼事爲主，就其所處時代正與《人物志》
的品鑒依據所流行的時代相合，故《世說新語》的人物品鑒依據自然受其影
響，而從上述實例論證，更印證了此事實。

第二節　魏晉人物之典型

　　中國時報於 1993 年 10 月 29 日第四十三版內，登載尋找這個時代典範一
欄，思考在台灣地區，誰足以做爲這個時代的典型？誰有資格做爲眾所追隨
模仿效法的對象？爲了尋找這個答案，而使「時尚人物」呼之欲出，不管以
方蘭生、王力行、詹炳發、鄭林鐘、金惟純等爲評選委員，是否具公信力，
亦不管其對時尚人物定義爲：要具有推動力量的、要有後續發展的、要坐在
最頂端的、要能把握方向的、要非經過包裝的〔註31〕，是否夠全面？但畢竟
是尋求典型人物的一種方式。時代環境不同，適合每個社會的典型人物必然
會有不同面貌，由此不禁聯想歷史上最重視人物的魏晉時期，其典型人物又
是如何呢？呂正惠先生〈盧卡奇的文學批評〉一文談及，根據「文學要反映
社會」的命題，盧卡奇認爲文學要反映社會的「整體性」。但又如何反映「整
體性」呢？盧卡奇的答案是：要創造「典型」（Type）人物〔註32〕。雖其所謂
「典型」人物是指能夠在文學作品裡，最淋漓盡致地呈現出其基本的社會關
係，尤其是階級關係的人〔註33〕，與本文所謂的「典型人物」涵意或有不同，

〔註30〕　《世說新語·品藻九》，七條，頁 507。
〔註31〕　〈中國時報〉，1993 年 10 月 29 日，四十三版。
〔註32〕　呂正惠，〈盧卡奇的文學批評〉，收入氏著《小說與社會》，頁 268。
〔註33〕　同註 2，頁 271。

但不管是在文學創造典型人物，或尋求歷史時代的典型人物，其意義性是同樣重要的。以下擬試探魏晉人物之典型。

學者論及魏晉時代，每不忘言「魏晉風度」。諸多學者以「魏晉風度」此概念，從不同的視野角度進行討論，因而對魏晉風度的了解或有不同，如馬良懷先生認爲所謂魏晉風度，是魏晉時代的士大夫在權威思想的崩潰與重建過程中，精神上迷惘與困惑的外在表現〔註 34〕；趙克堯先生對魏晉風度的定義是指魏晉時期文化上的奔放、灑脫的時代精神與社會風範，而指出魏晉風度的主要內涵包含思辨理性、理想主義、批判精神等特點〔註 35〕；另史可揚先生則認爲魏晉風度的實質爲如何於有限的人生中，求得生命之自由和永恆，如何於外在的紛繁複雜的現象世界，求得生命之本〔註 36〕。寧稼雨先生則認爲魏晉文人在放達和閑逸生活中，所表現灑脫飄逸之氣韻風度，爲人物品藻的重要審美標準〔註 37〕，此風度實指個人行爲風采。張蓓蓓女士認爲晉代所看重的人物爲「名士」，所看重的人品是內弘裕而外風流，既有器度，又有才華，簡言之，亦可謂當代人物品鑒的標準，即是後人常言的「名士風流」。〔註 38〕

張女士所言晉代人物品鑒標準爲「名士風流」，是否即爲事實呢？欲解答此問題，或許應具體從史籍中尋找答案。由於人物品評活動昌盛，被評者眾多，故具體考察必須有一定範圍始能做到，據本文前章整理出重要被評者有二十九人，實可作爲考察之對象，此二十九人是否皆如張女士所言爲「名士風流」呢？據史籍的記載，言及人物風流者，情況如下：

> 庾翼貽（殷）浩書曰：「……！王夷甫（衍），先朝風流士也，然吾薄其立名非眞，而始終莫取。……。」〔註 39〕

> （王）濛字仲祖，太原晉陽人。……。濛神氣清韶，年十餘歲，放邁不群。弱冠檢尚，風流雅正，外絕榮競，內寡私欲。〔註 40〕

〔註 34〕 馬良懷，《崩潰與重建中的困惑——魏晉風度研究》，頁 24。
〔註 35〕 趙克堯，〈魏晉風度論〉，《復旦學報》（社會科學版），1988 年第一期，頁 21～27。
〔註 36〕 史可揚，〈魏晉風度與審美〉，《內蒙古社會科學》，1993 年第六期，頁 88。
〔註 37〕 寧稼雨，《魏晉風度——中古文人生活行爲的文化意蘊》，頁 80。
〔註 38〕 張蓓蓓，〈漢晉人物品鑒研究〉，頁 222。
〔註 39〕 《晉書》，卷七十七，〈殷浩傳〉，頁 2044。
〔註 40〕 《世說新語·言語二》，六十六條，劉孝標注引王長史別傳，頁 125。

（王）儉常謂人曰：「江左風流宰相，唯有謝安。」蓋自比也。〔註41〕

（庾）亮噉薤，因留白。（陶）侃問曰：「安用此爲？」亮云：「故可以種。」侃於是尤相稱歎云：「非惟風流，兼有爲政之實。」〔註42〕

唐史臣之論（殷）浩曰：「入處國鈞，未有嘉謀善政；出總戎律，唯聞蹙國喪師。是知風流異貞固之士，談論非奇正之要。」〔註43〕

王逸少（羲之）風流才士，蕭散名人，舉世唯知其書，翻以能自蔽也。〔註44〕

玠別傳曰：「（衛）玠咸和中改遷於江寧。丞相王公教曰：『洗馬明當改葬。此君風流名士，海內民望，可脩三牲之祭，以敦舊好。』」〔註45〕

（周）顗有風流才氣，少知名，正體嶷然，儕輩不敢媟也。〔註46〕

（樂）廣與王衍俱宅心事外，名重於時。故天下言風流者，謂王、樂爲稱首焉。〔註47〕

范豫章謂王荊州（忱）：「卿風流儁望，眞後來之秀。」〔註48〕

（王）獻之字子敬。少有盛名，而高邁不羈，雖閑居終日，容止不怠，風流爲一時之冠。〔註49〕

簡文帝之爲會稽王也，嘗與孫綽商略諸風流人，綽言曰：「劉惔清蔚簡令，王濛溫潤恬和，桓溫高爽邁出，謝尚清易令達，而濛性和暢，能言理，辭簡而有會。」〔註50〕

桓玄與會稽王道子書曰：「（王）珣神情朗悟，經史明徹，風流之美，公私所寄。……」〔註51〕

〔註41〕《南齊書》，卷二十三，〈王儉傳〉，頁 436。
〔註42〕《晉書》，卷七十三，〈庾亮傳〉，頁 1919。
〔註43〕《世說新語‧賞譽八》，九十九條，余嘉錫箋疏部份，頁 476。
〔註44〕《顏氏家訓》（四部叢刊初編子部，上海商務印書館縮印江安傅氏雙鑑樓藏明刊本），卷下，〈雜藝〉篇第十九，頁 41 下。
〔註45〕《世說新語‧傷逝十七》，六條，劉孝標注引玠別傳，頁 639～640。
〔註46〕《世說新語‧言語二》，三十條，劉孝標注引晉陽秋，頁 92。
〔註47〕《晉書》，卷四十三，〈樂廣傳〉，頁 1244。
〔註48〕《世說新語‧賞譽八》，一五〇條，頁 494。
〔註49〕《晉書》，卷八十，〈王獻之傳〉，頁 2104。
〔註50〕《晉書》，卷九十三，〈王濛傳〉，頁 2419。
〔註51〕《晉書》，卷六十五，〈王珣傳〉，頁 1757。

阮嗣宗（籍）、嵇叔夜（康）、山巨源（濤）、向子期、劉伯倫、阮仲容、王濬仲（戎）為竹林名士。〔註52〕

桓玄之為人，性耽文藝，酷愛書畫，純然名士家風，而又暴戾恣睢，有同狂狡。〔註53〕

王洽、劉恢、殷浩、許詢、郗超、孫綽、桓彥表、王敬仁、何次道、王文度（坦之）、謝長遐、袁彥伯等，並一代名流，皆著塵外之狎（支）遁常在白馬寺與劉系之等，談莊子逍遙篇。〔註54〕

（陸）機清屬有風格，為鄉黨所憚。〔註55〕

由上可知，言及風流者計有王衍、王濛、謝安、庾亮、殷浩、王羲之、衛玠、周顗、樂廣、王忱、王獻之、劉恢、謝尚、桓溫、王珣共十五人；為名士者有嵇康、山濤、王戎、桓玄四人；為名流者有王坦之、許詢；具風格者為陸機；史籍無明載者為支遁、王述、衛永、王敦、庾統、簡文帝、王玄共七人。按周紹賢先生認為晉朝以風流為名士之美譽，凡名士必風流，名士每以風流互相標榜〔註56〕，若此可信，則名士與風流實可等同看之，那麼，為名士風流者實共有二十二人，居二十九人中過半數，因此可知張女士所言確屬事實。蒲魯姆（L. Broom）曾將「代表人格」解釋歸納為三種：（一）「代表」可能指統計上的次數。行為中任何一個項目，出現於社會內大多數人民，即是該社會「代表人格」的一部分；（二）「代表」所指者，也許是人格中的某些共同特質，不因外顯行為（overtbehavior）之差異而喪失其存在；（三）「代表人格」有時候是指能表現文化精神或菁華的人格〔註57〕。魏晉人心中所企慕追求的「理想人格」，若依蒲魯姆「代表」第一義指統計上數字而言，那麼，實是「名士風流」，而反推測之，「名士風流」之被企慕追求，必寓含當時之文化精神，故能成為企慕之對象，而這正符合了蒲魯姆對「代表」第三義的解釋。就此觀之，「名士風流」實可說是魏晉人物之典型。

「風流」一詞，今人解釋或以為淫蕩下流，而魏晉名士風流何所指？是

〔註52〕《世說新語・文學四》，九十四條，劉孝標注，頁272～273。
〔註53〕《世說新語・品藻九》，八十七條，余嘉錫箋疏部份，頁546。
〔註54〕釋慧皎，《高僧傳》（海山仙館叢書，藝文印書館印行），卷四，〈支遁傳〉，頁9前。
〔註55〕《世說新語・賞譽八》，三十九條，劉孝標注引文士傳，頁443。
〔註56〕周紹賢，《魏晉清談述論》，頁157。
〔註57〕蒲魯姆、塞茨尼克著，朱岑樓譯，《社會學》，頁109～110。

否仍與今人所知相同呢？宋師德熹曾撰〈參透風流二字禪──「風流」詞義在中國社會文化史上的遞變〉一文，闡明了「風流」一詞古今之義有別，於文末指出范寧先生將「風流」詞義演變分爲三期，第一期（兩漢），代表「忠孝節義」；第二期晉宋時代，風流是指儀容態度、言詞舉措，乃一種外表的姿態美，或內在的性格美，代表「風度才華」；第三期（梁陳）代表「風花雪月」及（唐宋）的「輕薄無行」〔註58〕。據此可知，「風流」一詞含義多變，而言名士風流爲魏晉人物典型，實有必要將風流之義釐清，才足以顯現時代人物特色。

「魏晉風流」除前文范寧先生所指之義外，學者對其詮解頗多，例如錢穆先生認爲風流，乃是指人格的一種內在影響力，而這種潛力所產生的影響謂之〔註59〕；余英時先生則指魏晉風流應是竹林七賢那種任情不羈的風流〔註60〕；周紹賢先生以爲風流人物，必有才氣，有雅量，胸境清遠，任性率眞。風流美譽，包括才貌而言〔註61〕。又言風流爲清介超逸之品格，其蕭灑之度，曠達之致，如風之飄爽，如水之活潑，悠然自適，此所謂藝術人生也〔註62〕；牟宗三先生則認爲風流者，如風之飄，如水之流，不主故常，而以自在適性爲主。故不著一字，儘得風流〔註63〕。另外，馮友蘭先生與王增文先生更從《世說新語》角度，論說「魏晉風流」，馮氏論證魏晉風流名士必具四條件：有玄心、有洞見、有妙賞、有深情〔註64〕；王氏則指出「魏晉風流」內容八要點：（一）崇尚清談。（二）標榜雅量。（三）講究容止。（四）講究辭令。（五）寄情山水、崇尚隱逸。（六）生活狂放、崇尚頹廢。（七）以簡傲爲高。（八）崇尚豪奢〔註65〕。綜上觀之，某些學者對風流之看法，或不具體，難知實質內涵，或偏於片面，或涵意包含太廣（如王氏），更甚者王氏認爲風流不過是當時士族名流頭腦空虛、生活放蕩的表現，很少有可取之處，此點實有待商

〔註58〕宋德熹，〈參透風流二字禪──「風流」詞義在中國社會文化史上的遞變〉，《淡江大學中文學報》（創刊號），頁74～75。

〔註59〕錢穆，〈略論魏晉南北朝學術文化與當時門第之關係〉《新亞學報》，1963年，五卷二期，頁42。

〔註60〕余英時，〈曹雪芹的反傳統思想〉，收入氏著《史學與傳統》，頁252。

〔註61〕同註25，頁160。

〔註62〕同註25，頁162。

〔註63〕牟宗三，《才性與玄理》，頁68。

〔註64〕馮友蘭，〈論風流〉，《三松堂學術文集》，頁610～617。

〔註65〕王增文，〈從《世說新語》看魏晉風流〉，《大學文科園地》，1988年三期（總二十一期），頁22～23。

權。最好的方法莫過於從風流名士本身實際考察，這或許能爲風流尋繹出較具體的認識，或得知以何說爲佳。以下以前舉二十二位風流名士爲實例，整理出風流者所具之特色或內涵。就一般論人而言，常以才、性爲觀照點，故在尋求風流內涵時，亦從才、性兩要點出發。

表十一：《世說新語》中被評者才性表

姓　名	才	性	資　料　來　源
王　衍	好尚談稱，爲時人物所宗。時總角，姿才秀異，敘致既快，事加有理。時人許以人倫鑒識。	性矜峻，少爲同志所推。	2：23 劉孝標注引晉諸公贊。 7：5。 9：11 劉孝標注引晉陽秋。 9：20 劉孝標注引晉諸公贊。
王　濛	丹青特妙，特善清言。能清言，談道貴理中，簡而有會。商略古賢，顯默之際，辭旨劭令，往往有高致。	性至通，而自然有節。神氣清韶，年十餘歲，放邁不群。弱冠檢尚，風流雅正，外絕榮競，內寡私欲。放誕不羈。性和暢。	8：87。 2：66 劉孝標注引王長史別傳。 2：66（一）歷代名畫記五。 8：133 劉孝標注引王濛別傳。
謝　安	善談玄遠。 善行書。	縱心事外，踈略常節，每畜女妓，攜持遊肆也。眾咸服其雅量。處家常以儀範訓子弟。	4：55 劉孝標注引文字志。 《晉書》卷七十九〈謝安傳〉。 7：21 劉孝標注引宋明帝文章志。
庾　亮	善談論。	性好莊老，風格峻整，動由禮節。	《晉書》卷七十三〈庾亮傳〉
殷　浩	清言妙辯玄致，當時名流，皆爲其美譽。能言理，談論精微，長於老、易。善老、易，能清言。		8：82 劉孝標注引徐廣晉紀。 8：86 劉孝標注引中興書。 4：27 劉孝標注引浩別傳。
王羲之	善草隸。	性愛鵝。任率。	2：62 劉孝標注引文字志。 《晉書》卷八十。
衛　玠	少有名理，善易、老。		4：20 劉孝標注引玠別傳。
周　顗	善於俛仰應答。	雅流弘器。性寬裕而友愛過人。	2：40 劉孝標注引鄧粲晉紀。 8：47。《晉書》卷六十九。
樂　廣	善於清言。	清夷沖曠，加有理識。性清。	2：25 劉孝標注引虞預晉書。 4：70。 9：7。
王　忱		性任達不拘，末年尤嗜酒。	《晉書》卷七十五。

王獻之	善隸書，字畫秀媚，妙絕時倫，與父俱得名。其章草疎弱，殊不及父。	實自清立，但人爲爾多矜咳，殊足損其自然。性甚整峻，不交非類。高邁不羈。	9:75 劉孝標注引文章志。 31:6。 31:6 劉孝標注引晉紀。 《晉書》卷八十。
劉 惔	有儁才，其談詠虛勝，理會所歸，王濛略同，而敘致過之，其詞當也。	性簡貴。高自標置。任自然趣。	9:48 劉孝標注引劉惔別傳。 《晉書》卷七十五。
謝 尙	善音樂。	性通任。性輕率，不拘細行。	23:32 劉孝標注引晉陽秋。 23:33 劉孝標注引文章志。
桓 溫		豪爽有風概，姿貌甚偉。性儉。	《晉書》卷九十八。
王 珣	學涉通敏，文高當世。		4:95 劉孝標注引續晉陽秋。
嵇 康	有奇才儁辯。	性含垢藏瑕，愛惡不爭於懷，喜怒不寄於顏。此亦方中之美範，人倫之勝業也。傲世不羈。	1:16 劉孝標注引康別傳。 1:43 劉孝標注引王隱晉書。 4:17 劉孝標注引秀別傳。
山 濤		簡默。通簡有德。雅素恢達，度量弘遠，心存事外，而與時俛仰。	7:4 劉孝標注引竹林七賢論。 9:71 劉孝標注引魏氏春秋。 19:11 劉孝標注引晉陽秋。
王 戎	朗達有儁才。	性至儉。性簡要，不治儀望，自遇甚薄，而產業過豐，論者以爲台輔之望不重。	9:71 劉孝標注引魏氏春秋。 29:2 劉孝標注引王隱晉書。 29:3 劉孝標注引晉諸公贊。
桓 玄	善言理。 文翰之美，高於一世。	性貪鄙。	4:65 劉孝標注引周祗隆安記。 4:102 劉孝標注引晉安帝紀。 《晉書》卷九十九。
王坦之		器度淳深，孝友天至。雅貴有識量，風格峻整。	2:72 劉孝標注引王中郎傳。 9:72 劉孝標注引續晉陽秋。
許 詢	能清言。 有才藻，善屬文。 能言理。		2:73 劉孝標注引晉中興士人書。 4:85 劉孝標注引續晉陽秋。 8:144 劉孝標注引續晉陽秋。
陸 機	與弟雲並有儁才。 博學善屬文。	非禮不動。清厲有風格。	2:26 劉孝標注引晉陽秋。 2:26 劉孝標注引機別傳。 8:39 劉孝標注引文士傳。

由上表之整理，可觀察出如下現象：在二十二人當中，有十八人在「才」方面有明顯的記載，從此可知在二十二風流人物中，具「才」特性所占比例相

當高，而這些「才」包括善談辯、繪畫、書法、老易、音樂、文等，另有直言儁才，而無具體說明所屬「才」為何？而通觀所言「才」的內容，皆與治國致力仕途無關，可見這些「才」是較偏於純個人內在的修養，較偏於內在精神，是在豐富自己生命，具藝術性，而非功利的。而就「性」而言，於史書中能找到記載的有十八例，如傲世放誕不羈的王濛、嵇康；通任性率的王羲之、王忱、謝尚；性簡要的王戎；性清的樂廣；度量弘遠的山濤；劉惔的性簡貴；雅流弘器的周顗；據此些人物特性，與前述諸學者對風流之解釋對照，可知與周紹賢先生之說最相近，也解釋的最好，不過在人物之「性」方面，從表也看出庾亮、陸機、謝安、王坦之等人，動由禮節、處家常以儀範訓子弟、風格峻整，這似乎不同於所謂任率不羈之情，但庾亮等人或具雅量、或清厲有風格，由此觀之，構成風流要表的「性」，應不僅限於率性，即使具儒家之操守德行，只要有清介超逸之品格亦可稱之。

第五章　人物品評之作用與影響

第一節　人物品評之作用

　　舉凡一活動之形成風尙，除主、客觀因素外，活動本身所能達到的效果，亦會造成風尙更爲蓬勃發展。人物品評原始宗旨何在呢？這或許可從龐統所言，獲得部份了解。據《三國志・龐統傳》載：

　　　　（龐統）性好人倫，勤於長養。每所稱述，多過其才，時人怪而問
　　　　之，統曰：「當今天下大亂，雅道陵遲，善人少而惡人多。方欲興風
　　　　俗，長道業，不美其譚即聲名不足慕企，不足慕企而爲善者少矣。
　　　　今拔十失五，猶得其半，而可以崇邁世教，使有志者自勵，不亦可
　　　　乎？」〔註1〕

據龐統之意，似在希望藉品評以彰顯足以成就聲名的內涵，能被企慕效法，使有志者獲得鼓勵，砥礪力行，進而興風俗之美善。吳尙書暨豔盛明臧否，……，頗揚人闇昧之失，以顯其譎。（陸）瑁與書曰：

　　　　夫聖人嘉善矜惡，忘過記功，以成美化。加今王業始建，將一大統，
　　　　此乃漢高棄瑕錄用之時也，若令善惡異流，貴汝潁月旦之評，誠可
　　　　以屬俗明教，然恐未易行也。宜遠模仲尼之汎愛，中則郭泰之弘濟，
　　　　近有益於大道也。〔註2〕

引文中言汝潁月旦評，可以使善惡爲之區分，足以屬俗明教化。范曄《後漢

〔註 1〕　《三國志》，卷三十七，〈龐統傳〉，頁 953。
〔註 2〕　《三國志》，卷五十七，〈陸瑁傳〉，頁 1337。

書・黨錮傳》記載范滂繫獄時，中常侍王甫審問他說：「君爲人臣，不惟忠國，而共造部黨，自相褒舉，評論朝廷，虛構無端，諸所謀結，並欲何爲？……。」范滂回答道：「……。欲使善善同其清，惡惡同其污，……。」〔註3〕以上史料皆說明人物品評足可使善惡分，並可借品評手段，達到鼓勵人向善之作用。人物品評除具實用目的外，亦具純欣賞之目的性，純因欣賞而評，不爲其他因由，這種領受完全是個人的，《世說新語》中的品評即屬此性質。

　　而人物品評之影響究有多大呢？據魏明帝太和中董昭上疏陳末流之弊曰：

> ……。竊見當今年少，不復以學問爲本，專更以交游爲業；國士不以孝悌清脩爲首，乃以趨勢游利爲先。合黨連群，互相褒歎，以毀訾爲罰戮，用黨譽爲爵賞，附己者則歎之盈言，不附者則爲作瑕釁。……。〔註4〕

董昭將「毀訾」比爲罰戮；以「黨譽」比爲爵賞，可見品評影響之大，不費吹灰之力，就足以達到罰戮爵賞之效果。《抱朴子・正郭》爲葛洪對郭林宗（太）之批評，其言：

> 此人有機辯風姿，又巧自抗遇而善用，且好事者爲之羽翼，延其聲譽於四方。故能挾之見推慕於亂世，而爲過聽不覈實者所推策，及其片言所褒，則重於千金。〔註5〕

據余英時先生研究，清議日隆，人物評論遂發展爲專門之學，即所謂「人物鑒識」；專門之學既立，人物評論之專家亦隨之產生，郭林宗（太）與許子將（劭）特其最著者耳！〔註6〕余氏以郭林宗爲人物評論之專家，而葛洪也認爲郭林宗片言所褒，則重於千金，由此亦可想像，人物品評的效力實在不可忽視。人物品評的影響性之大，不僅在上述的隻言片語中可得知，於史書上更有實例可以爲證，如前文提及的評論家郭太本身即是一例：

> 郭林宗始入京師，時人莫識，（符）融一見嗟服，因以介於李膺，由是知名。〔註7〕

〔註3〕　《後漢書》，卷六十七，〈范滂傳〉，頁2205。
〔註4〕　《三國志》，卷十四，〈董昭傳〉，頁442。
〔註5〕　《抱朴子》（四部叢刊初編子部，上海商務印書館縮印江南圖書館藏明魯藩刊本），外篇卷四十六，〈正郭〉，頁230下。
〔註6〕　余英時，《中國知識階層史論（古代篇）》，頁237。
〔註7〕　同註3，卷六十八，〈符融傳〉，頁2232。

郭林宗本不爲人所識，卻因符融的嗟歎而知名。又《晉書》卷三十六〈張華傳〉載：

> （張華）初未知名，著〈鷦鷯賦〉以自寄。……。陳留阮籍見之，
> 歎曰：「王佐之才也！」由是聲名始著。〔註8〕

此例亦同，也是因被見賞而獲好評，而使聲名著於世。再如《後漢書‧符融傳》載：

> 時漢中晉文經、梁國黃子艾，並恃其才智，炫曜上京，臥託養疾，
> 無所通接。洛中士大夫好事者，承其聲名，坐門問疾，猶不得見。
> 三公所辟召者，輒以詢訪之，隨所臧否，以爲與奪。（符）融察其非
> 眞，乃到太學，并見李膺曰：「二子行業無聞，以豪桀自置，遂使公
> 卿問疾，王臣坐門。融恐其小道破義，空譽違實，特宜察焉。」膺
> 然之。二人自是名論漸衰，賓徒稍省，旬日以間，慚歎逃去。後果
> 爲輕薄子，並以罪廢棄。〔註9〕

引文史料顯示出兩意義，一爲三公所辟召者輒以詢訪晉文經、黃子艾，而以其臧否爲與奪之標準，可見人物批評在選舉上產生的決定性作用。二爲晉文經、黃子艾聲譽之隆，符融察其非眞，而告知李膺，二者空譽違實，於是二人自此名論漸衰，賓徒日減，此爲符融經由品評對晉文經、黃子艾所產生的影響。而樂廣之被舉爲秀才，亦因被見賞有以成之，《晉書》卷四十三載：

> 王戎爲荊州刺史，聞（樂）廣爲夏侯玄所賞，乃舉爲秀才。〔註10〕

而品評的活動常透過浮華相交而成，王述因不交非類，而名譽不達，實因缺乏被品評之故，〈賞譽〉六十二條劉孝標注引晉陽秋曰：

> （王）述體道清粹，簡貴靜正，怡然自足，不交非類。雖群英紛紛，
> 俊乂交馳，述獨蔑然，曾不慕羨。由是名譽久蘊。〔註11〕

而在《世說新語》其他篇章，亦能看出品評的作用，如〈文學〉六十八條：

> 左太沖（思）作三都賦初成，時人互有譏訾，思意不愜。後示張公。
> 張曰：「此二京可三，然君文未重於世，宜以經高名之士。」思乃詢
> 求於皇甫謐。謐見之嗟歎，遂爲作敘。於是先相非貳者，莫不斂衽

〔註8〕　《晉書》，卷三十六，〈張華傳〉，頁1069。
〔註9〕　同註7，頁2232～2233。
〔註10〕　《晉書》，卷四十三，〈樂廣傳〉，頁1243。
〔註11〕　《世說新語‧賞譽八》，六十二條劉孝標注引晉陽秋，頁456～457。

讚述焉。〔註12〕

左思之文先前未爲世所看重，經皇甫謐見賞嗟歎後，先前譏訾者莫不改觀讚述之，這種經高名之士品評前後之別，實說明了品評的重要性。又如〈規箴〉三條載：

> 陳元方遭父喪，哭泣哀慟，軀體骨立。其母愍之，竊以錦被蒙上。
> 郭林宗弔而見之，謂曰：「卿海內之儁才，四方是則，如何當喪，錦
> 被蒙上？孔子曰：『壹夫錦也，食夫稻也，於汝安乎？』吾不取也！」
> 奮衣而去。自後賓客絕百所日。〔註13〕

陳紀經郭林宗責以父喪而錦被蒙上後，自此賓客絕百所日，賓客之絕，莫不是郭林宗在言語評論上所起的作用。再者，如〈尤悔〉九條：

> 溫公（嶠）初受劉司空（琨）使勸進，母崔氏固駐之，嶠絕裾而去。
> 迄於崇貴，鄉品猶不過也。每爵皆發詔。〔註14〕

溫嶠後雖崇貴，但因其對母不恭絕裾而去，鄉品仍不佳，因此在爵賞時，只能以詔書行之，余嘉錫先生箋疏轉引吳承仕意見曰：

> 鄉品不與，而發詔特進之。然則平人進爵，必先檢鄉評矣。……〔註15〕

進爵之先必核鄉評，可知品評對功祿仕途影響之大。《晉書》卷四十三〈山濤傳〉載：

> 濤再居選職十有餘年，每一官缺，輒啓擬數人，詔旨有所向，然後
> 顯奏，隨帝意所欲爲先。……。濤所奏甄拔人物，各爲題目，時稱
> 〈山公啓事〉。〔註16〕

在《世說新語》中就見山公（濤）舉阮咸爲吏部郎，而目之曰：「清眞寡欲，萬物不能移也。」〔註17〕可知用人之前必先行品評。《晉書》卷五十六〈孫楚傳〉記載：

> 初，（孫）楚與同郡王濟友善，濟爲本州大中正，訪問銓邑人品狀，
> 至楚，濟曰：「此人非卿所能目，吾自爲之。」乃狀楚曰：「天才英
> 博，亮拔不群。」〔註18〕

〔註12〕《世說新語・文學四》，六十八條，頁 246～247。
〔註13〕《世說新語・規箴十》，三條，頁 549。
〔註14〕《世說新語・尤悔三十三》，九條，頁 902。
〔註15〕《世說新語・尤悔三十三》，九條，余嘉錫箋疏部份，頁 902。
〔註16〕《晉書》，卷四十三，〈山濤傳〉，頁 1225～1226。
〔註17〕《世說新語・賞譽八》，十二條，頁 424。
〔註18〕《晉書》，卷五十六，〈孫楚傳〉，頁 1543。

此引文指出了魏晉九品官人法選舉制度。訪問職務在探訪人物的行狀和協助中正品評人物決定鄉品，由訪問之司職可知，行狀對於人的前途關係甚為重要。而狀雖指個人行狀，但通常是借品評語句顯出，九品官人法品狀之目的與《世說新語》品人在以欣賞為主或有不同，但由此又可知品評所發揮的作用。而品評除關涉仕途之陞遷、聲名之褒貶外，其影響有時是相當深遠的，如〈賞譽〉七十二條：

> 庾公（亮）云：「逸少（王羲之）國舉。」故庾倪為碑文云：「拔萃國舉。」〔註19〕

又〈品藻〉十條：

> 王夷甫（衍）以王東海（承）比樂令（廣），故王中郎（坦之）作碑云：「當時標榜，為樂廣之儷。」〔註20〕

再如同篇八十一條：

> 有人問袁侍中（恪之）曰：「殷仲堪何如韓康伯？」答曰：「理義所得，優劣乃復未辨；然門庭蕭寂，居然有名士風流，殷不及韓。」故殷作誄云：「荊門畫掩，閑庭晏然。」〔註21〕

以上三例皆為一人之評論而影響他人對被評者的看法，輾轉顯現在碑文、誄文上，而碑文為刻於石碑上之文，一經刻筆於上，實成難抹之事實；而誄文則為哀悼死者之文，這似乎對一人已成永恆之論，故由此可了解到，品評有時並非一時性的，其深遠影響甚至可能是對一個人的定論。

既然品評之作用影響深遠，我們不禁要問其品評真實性如何？時人葛洪就針對此提出看法，在《抱朴子》外篇〈清鑒〉言道：

> 夫貌望豐偉者不必賢，而形器尪瘁者不必愚，咆哮者不必勇，淳淡者不必怯，或外候同而用意異，或氣性殊而所務合，非若天地有常候，山川有定止也。物亦故有遠而易知，近而難料，譬猶眼能察天衢，而不周項領之間，耳能聞雷霆，不能識螳蚏之音也，唐呂樊許善於相人狀，唯知壽夭貧富官秩尊卑，而不能審情性之寬弮，志行之洿隆，惟帝難之，況庸人乎。〔註22〕

觀此之意，似認為人之情性不如天地有常、山川有定，實難審知，並非一般

〔註19〕《世說新語·賞譽八》，七十二條，頁 462。
〔註20〕《世說新語·品藻九》，十條，頁 510。
〔註21〕《世說新語·品藻九》，八十一條，頁 544。
〔註22〕同註 6，外篇卷二十一，〈清鑒〉，頁 170 下。

人所能做到，而時人之好談人物、品評人物，實為不智之舉，因而指斥品鑒人物，從葛洪之觀點亦可知其對品評真實性的看法。又王沉，少有俊才，出於寒素，不能隨俗沉浮，為時豪所抑，鬱鬱不得志，乃做〈釋時論〉，文中有云：

> ……。談名位者以諂媚附勢，舉高譽者因資而隨形。至乃空囂者以泓噌為雅量，瑣慧者以淺利為鎗鎗，腼胎者以無檢為弘曠，僂垢者以守意為堅貞，嘲哮者以粗發為高亮，輼蠢者以色厚為篤誠，痽婪者以博納為通濟，眠眠者以難入為凝清，拉答者有沉重之譽。嘯閃者得清剿之聲，唷啍怯畏於謙讓，闒茸勇敢於饕諍。斯皆寒素之死病，榮達之嘉名。〔註23〕

王沉〈釋時論〉一文，是藉冰氏之子問東野丈人，求仕途祿位之訣竅，間接反映出當時社會的病態情況。據前引史料，其意似在說明當時褒貶無憑，毀譽失實，由此觀之，其對品評的客觀真實性有所質疑也就不言自明了。

《世說新語》中〈品藻〉篇六條言及：

> 正始中，人士比論，以五荀方五陳：……。又以八裴方八王：……。
> 〔註24〕

余嘉錫先生箋疏引用清代李慈銘之意見，按李氏認為漢末之五荀、五陳，實任達之濫觴，浮華之作俑。觀其父子兄弟，自相標榜，坐致虛聲，託名高節〔註25〕。而在其《越縵堂讀書簡端記》也談及：「晉、宋、六朝膏梁門第，父譽其子，兄誇其弟，以為聲價。」〔註26〕可見李氏認為魏晉所形成的品評活動，基本上是一種互相標榜的形為，要說其真實性，也就不免值得可疑了。張蓓蓓女士於其博士論文內也提到，名士所品評者，往往早已是名士，今日既蒙推獎，他日主客易位，自可投桃報李；互相延譽，亦所常見，當時人並不以為怪，並臚舉數例以資說明〔註27〕，張女士為文論證，亦在企圖說明魏晉人物品評標榜之觀點，實與李慈銘相同。

余嘉錫先生箋疏《世說新語》時，亦對人物品評的真實性提出不少見解，如〈賞譽〉九十九條：

〔註23〕《晉書》，卷九十二，〈王沉傳〉，頁2382～2383。
〔註24〕《世說新語·品藻九》，六條，頁505～506。
〔註25〕《世說新語·品藻九》，六條，余嘉錫箋疏部份，頁506。
〔註26〕轉引自寧稼雨，《魏晉風度——中古文化生活行為的文化意蘊》，頁22。
〔註27〕張蓓蓓，〈漢晉人物品鑒研究〉，頁327。

　　　殷淵源（浩）在墓所幾十年。于時朝野以擬管、葛，起不起，以卜

　　江左興亡。〔註28〕

據余氏之箋疏以爲，晉人之賞譽，多不足據；如殷浩者，可以鑒矣〔註29〕！

又如〈品藻〉二十五條：

　　　世論溫太眞（嶠），是過江第二流之高者。時名輩共說人物，第一將

　　盡之間，溫常失色。〔註30〕

余氏認爲：「太眞智勇兼備，忠義過人，求之兩晉，殆罕其匹。而當時以爲第

二流，蓋自汝南月旦評以來，所謂人倫鑒裁者，久矣夫不足盡據矣。」〔註31〕

又如《太平御覽》四四七卷載〈郭子〉言：

　　　祖士少道右軍：「王家阿菟（義之小名），何緣復減處仲？」右軍道

　　士少：「風領毛骨，恐沒世不復見如此人。」王子猷說：「世目士少

　　爲朗邁，我家亦以爲徹朗。」〔註32〕

余氏引之以爲箋疏王右軍（義之）道祖士少（約）「風領毛骨，恐沒世不復見

如此人」一語，認爲觀〈郭子〉之言，乃知王氏父子假借士少者（祖約），感

其獎譽之私耳。此正晉人互相標榜之習〔註33〕。綜上觀之，余氏之意見似仍

不脫品評失實，以互相標榜爲常。

　　事實上，品評要做到絕對眞實，有時因涉及主、客觀之因素，而難以辦

到，如被脅迫之情境，自然以保全生命爲優先考慮，至於評論是否公正已非

其考慮之重點。如〈品藻〉八十六條：

　　　桓玄爲太傅，大會，朝臣畢集。坐裁竟，問王楨之曰：「我何如卿第

　　七叔？」于時賓客爲之咽氣。王徐徐答曰：「亡叔是一時之標，公是

　　千載之英。」一坐懽然。〔註34〕

又如袁宏作〈東征賦〉，而不稱道陶公（侃），胡奴（陶範）以白刃脅迫之，

因而誦之曰：

　　　精金百鍊，在割能斷。功則治人，職思靖亂。長沙之勳，爲史所

〔註28〕《世說新語‧賞譽八》，九十九條，頁475。

〔註29〕《世說新語‧賞譽八》，九十九條，余嘉錫箋疏部份，頁476。

〔註30〕《世說新語‧品藻九》，二十五條，頁517。

〔註31〕《世說新語‧品藻九》，二十五條，余嘉錫箋疏部份，頁518。

〔註32〕《太平御覽》，卷四四七，頁2188。

〔註33〕《世說新語‧賞譽八》，八十八條，余嘉錫箋疏部份，頁471。

〔註34〕《世說新語‧品藻九》，八十六條，頁545〜546。

讚。〔註35〕

蓋人之常情，偏私之心自屬難免，要求其絕對客觀公正，只有自我約束，難以規範。因此，在品評上也難免會有阿私之評，即使有知人之明者，亦難避免，如〈汝南先賢傳〉乃言謝甄知人過於林宗，殆不免阿私鄉曲之言也〔註36〕。更遑論一般人。〈品藻〉四十七條載：

> 王脩齡（胡之）問王長史（濛）：「我家臨川（王羲之），何如卿家宛陵（王述）？」長史未答，脩齡曰：「臨川譽貴。」長史曰：「宛陵未爲不貴。」〔註37〕

從王胡之與王濛之對話，明顯可見阿私之情。又如〈方正〉二十八條：

> 王含作廬江郡，貪濁狼籍。王敦護其兄，故於眾坐稱：「家兄在郡定佳，廬江人士咸稱之！」時何充爲敦主簿，在坐，正色曰：「充即廬江人，所聞異於此！」敦默然。旁人爲之反側，充晏然，神意自若。〔註38〕

此例亦同，甚且更爲明顯，而遭旁人指正。總之，在主、客觀的影響下，期望品評絕對的眞實是很難的，因此阿私之評也就不可避免了。而品評的眞實與否，固然有其重要性，但因其缺乏絕對眞實，就因噎廢食而忽略了此時代所形成的品評風氣，則又未免失之偏頗了。

第二節　人物品評對文藝美學之影響

　　魏晉自由氣氛瀰漫於世，在文學的表現上，亦呈現自覺風貌，文學不再屈從附屬於經學之下，蓋爲文目的不同，相對文體亦不同，所謂「夫文本同而末異，蓋奏議宜雅，書論宜理，銘誄尚實，詩賦欲麗。此四科不同，故能之者偏也，惟通才能備其體。」〔註39〕徐復觀先生認爲魏晉文體自覺的重要因素，恐怕是源於東漢以來對人物的品鑒〔註40〕。由此觀之，文體的自覺受人物的品鑒影響似乎可信。

〔註35〕《世說新語・文學四》，九十七條，頁 274。
〔註36〕《世說新語・賞譽八》，三條，余嘉錫箋疏部份，頁 416。
〔註37〕《世說新語・品藻九》，四十七條，頁 526。
〔註38〕《世說新語・方正五》，二十八條，頁 310～311。
〔註39〕《典論》，頁 1。
〔註40〕徐復觀，《中國文學論集》，頁 24。

六朝文論專著的產生，與重視著述及談辯盛行的時風頗有關係〔註41〕。而六朝文論以性情爲本體的特點，頗受才性名理的影響〔註42〕。就我們所知，《人物志》以論人才性爲中心主題，且從本文前章的論述得知人物品評基本上是根據《人物志》的才性論爲準，而牟宗三先生將《人物志》歸類爲才性名理〔註43〕，而廖蔚卿女士認爲才性名理在時代思潮中表現了魏晉以來對人性的重新體認，在談辯基準上標示了藝術品鑑的原則，因而直接影響了六朝文論的情性說〔註44〕，可見人物品評確實在文學上產生影響。又曹丕《典論・論文》云：

> 文以氣爲主，氣之清濁有體，不可力強而致，譬諸音樂，曲度雖均，節奏同檢，至於引氣不齊，巧拙有素，雖在父兄，不能以移子弟。〔註45〕

此以爲文章的表現關涉到作者本身的才氣問題，人與文是一體兩面的，觀人可知其文，觀文亦可知其人，此種觀念，與人倫識鑑的才性論頗相同，從此可知曹丕〈論文〉深受人物評論影響。再者，梁簡文帝甚且把論文直比爲汝南人物月旦評，其〈與湘東王書〉言及：

> 文章未墜，必有英絕領袖之者，非弟而誰，每欲論之，無可與語，思吾子建一共商榷。辨茲清濁，使如涇渭。論茲月旦，類彼汝南。……使夫懷鼠知慚，濫竽自恥。譬斯袁紹，畏見子將。〔註46〕

觀梁簡文帝之意，實將論人的概念用於論文上。而郭紹虞先生於其《中國文學批評史》一書也談及，大抵漢季臧否人物的風氣很盛，所以出現頗多清議式的諺語，如「萬事不理問伯始，天下中庸有胡公」等等；而汝南月旦，尤爲一時美談。故劉邵得本之以成《人物志》，傅嘏鍾會得本之以論才性同異，而在二曹兄弟（丕、植）則不過應用此觀念以論文學而已。因才異所以能偏，因「能之者偏」於是文有利病可摭，美惡可言，而品評因之而起〔註47〕。又言漢魏間的批評風氣重在論才性而不重在矜門第，東晉南朝間的批評風氣，重在嚴流品而不重在伸清議。這種批評風氣影響到文學方面，在前者可以曹

〔註41〕廖蔚卿，《六朝文論》，頁7。
〔註42〕同註41，頁8。
〔註43〕牟宗三，《才性與玄理》，頁43。
〔註44〕同註41，頁9。
〔註45〕同註39。
〔註46〕《全梁文》收入《全上古三代秦漢三國六朝文》，卷十一，〈與湘東王書〉，頁4。
〔註47〕郭紹虞，《中國文學批評史》，頁79。

丕《典論・論文》爲代表；在後者可以鍾嶸《詩品》爲代表〔註 48〕。以上是以論人的觀念應用於文學上。

梁劉勰《文心雕龍》爲文學批評著作，文中不論文情或文辭皆以人物品藻的詞彙相喻，如〈附會〉篇言：

> 夫才最學文，宜正體製。必以清志爲神明，事義爲骨髓，辭采爲肌膚，宮商爲聲氣；然後品藻元黃，摛振金玉，獻可替否，以裁厥中，斯綴思之恆數也。〔註 49〕

又如〈風骨〉篇云：

> 詩總六義，風冠其首，斯乃化感之本源，志氣之符契也。是以怊悵述情，必始乎風，沉吟鋪辭，莫先於骨。故辭之待骨，如體之樹骸；情之含風，猶形之包氣。結言端直，則文骨成焉；意氣駿爽，則文風清焉。〔註 50〕

引文中「骨」即文辭，「風」即文意，「辭」對於文而言，猶如骨之於身；而「意」之於文就猶如氣之於形，觀此實從人的骨、氣喻文之辭、意。鄭毓瑜先生指出兩晉間喜歡將「風」、「骨」、「氣」、「神」等基本術語，加以種種組合，用來品評人物〔註 51〕。而劉勰的「辭氣」論和曹丕的「文氣」說，都沿用了人倫品鑒中常出現的「風」、「骨」、「氣」等術語〔註 52〕。就此兩端再進一步推論，「辭氣」品鑒既與人物品鑒所運用的術語相同，兩者就應該擁有同一的賞鑒觀點或審美意念〔註 53〕。徐復觀先生也認爲把形容人的形相所用的名詞觀念，轉用到文學的鑒賞批評上，正符合了文學形相的特性；所以對文學的品藻，幾乎都是轉用品藻人物的名詞、觀念；這便對文體的自覺，乃至文體論的建立，形成一個很大的助力。不僅文體之「體」，即從人「體」而來；且文體中最重要的「體貌」一詞，也是先用在對人的品鑒方面〔註 54〕。綜上可知，不論直接從古籍尋求人物品評與文學關係可獲線索，即使近代學者對兩者關係的存在，看法亦頗爲一致。

〔註 48〕同註 47，頁 113。

〔註 49〕《文心雕龍注》，頁 148。

〔註 50〕同註 49，頁 109～110。

〔註 51〕鄭毓瑜，〈文心雕龍的辭氣論——兼論辭氣品鑒與人物品鑒的關係〉，《台大中文學報》（創刊號），頁 423。

〔註 52〕同註 51，頁 422。

〔註 53〕同註 51。

〔註 54〕同註 40，頁 25。

　　人物品評是否影響美學呢？宗白華先生直言中國美學竟是出發於「人物品藻」之哲學。美的概念，範疇，形容詞，發源於人格美的評賞〔註55〕，對於宗白華先生之看法，是有實例足以證明的。台灣地區前輩美術家典藏作品展──國畫膠彩畫展，於民國 82 年 3 月 25 日至 12 月 25 日在台灣省立美術館展出，其中有一幅姚夢谷所畫「春到人間」，於作品欣賞介紹文字中談到：

> 姚夢谷於民國 62 年（1973）所畫的「春到人間」寫臘畫春回，梅蘭、吐芳，紅梅以粉調和紅色點成，正反左右上下六面出之，全放、半開、含苞、花蕾，各有形態，梅枝依勢向右上方生出，蘭葉左輕右重，花姿優雅，構圖均衡，奇石之上，長出了兩朵靈芝，石中有竅，玲瓏剔透，石不能言最可人示知我們春的消息。〔註56〕

其中「石不能言最可人」，以「可人」二字形容奇石，而桓溫行經王敦墓，望之云「可兒！可兒！」〔註57〕余嘉錫先生箋疏「可兒」之意，引陸游《老學庵筆記》六曰：「晉語：兒人二字通用。世說桓溫曰：『可兒！可兒！』蓋謂可人為可兒也。……」〔註58〕；又引喬松年《蘿藦亭札記》五云：「可兒可人，六朝人通用。蓋兒字古讀聲近泥。人字江南人讀近寧。泥、寧雙聲，故人與兒通用。」〔註59〕可知「可兒」即為「可人」，奇石之可人正與人物之可兒鑒賞觀點同。張少康先生認為，中國古代的美學思想和文學藝術理論的聯繫是十分密切的。除了一些哲學家、思想家的著作中包含有一些重要美學思想和美學觀點外，中國古代的美學思想主要是從文學和藝術理論著作中反映出來的〔註60〕。又言劉勰對文學創作理論的論述，善於提到美學的高度來認識，因此，他的精彩創作理論中包含了極為豐富的美學思想〔註61〕，就此推論之，前已述及《文心雕龍》中的〈附會〉、〈風骨〉篇所言文辭、文意與論人之喻相同，那麼，《文心雕龍》所含美學思想，必然也會暗含人物品鑒之觀點，換言之，美學思想與人物品鑒觀點有相通之處。如《文心雕龍・原道》云：

> 傍及萬品，動植皆文；龍鳳以藻繪呈瑞，虎豹以炳蔚凝姿；雲霞雕

〔註55〕　宗白華，《美從何處尋》，頁 189。
〔註56〕　民國 82 年 10 月 17 日星期日親見所記。
〔註57〕　《世說新語・賞譽八》，七十九條，頁 466。
〔註58〕　《世說新語・賞譽八》，七十九條，余嘉錫箋疏部份，頁 467。
〔註59〕　同註 58。
〔註60〕　張少康，《文心雕龍新探》，頁 272。
〔註61〕　同註 60，頁 278。

色，有踰畫工之妙；草木賁華，無待錦匠之奇。夫豈外飾，蓋自然耳。〔註62〕

此爲劉勰盛讚自然美，而《世說新語》中，品人常有以自然景物來象徵、比喻人物的風采儀容，如：

庾子嵩（敱）目和嶠：「森森如千丈松，雖磊砢有節目，施之大廈，有棟梁之用。」〔註63〕

類此之描寫仍多見，可知品人仍以自然美爲重。而此將自然美的認識與人格美的鑒賞結合，形成《世說新語》人物品鑒的一個特點。張永昊先生對《世說新語》人物品藻的美學意義下結論，認爲對藝術批評觀念的變革和美學思想的發展，以及新美學概念的形成，起了重要的催化作用〔註64〕。而寧稼雨先生也提出魏晉人物品藻注重對人的審美評價，這對中國歷史上的審美概念和審美鑒賞所產生的刺激和影響，也是至關重要的〔註65〕。從以上諸學者的看法，實可確知人物品評在美學上的影響性。

梁鍾嶸《詩品》將漢至南朝梁一百二十三位詩人之詩，溯流別、列品第、顯優劣，分上、中、下三品，其序言：

昔九品論人，七略裁士，校以賓實，誠多未值。至若詩之爲技，較爾可知。以類推之，殆均博奕。〔註66〕

此言品人難，品詩易，而將品詩比類爲博奕。就此觀之，鍾嶸的品詩或受品人論人之影響。錢穆先生於其〈略論魏晉南北朝學術文化與當時門第之關係〉一文也指出，此時代人因喜品評人物，遂連帶及於品評詩文〔註67〕。就品評優劣方式觀之，《世說新語》中比較兩人之優劣情形，常有「不如」或「過之」之言，如明帝問謝鯤：「君自謂何如庾亮？」答曰：

端委廟堂，使百僚準則，臣不如亮。一丘一壑，自謂過之。〔註68〕

而《詩品》之品詩方式亦與他人較之以顯優劣，如品評王粲詩：

方陳思不足，比魏文有餘。〔註69〕

〔註62〕 同註49，頁1。
〔註63〕 《世說新語・賞譽八》，十五條，頁426。
〔註64〕 張永昊，〈世說新語的審美觀〉，《文史哲》，1989年第六期，頁82。
〔註65〕 寧稼雨，《魏晉風度——中古文人生活行爲的文化意蘊》，頁85。
〔註66〕 王叔岷，《鍾嶸詩品箋證稿》，頁89。
〔註67〕 錢穆，〈略論魏晉南北朝學術文化與當時門第之關係〉《新亞學報》，第五卷第二期，頁36。
〔註68〕 《世說新語・品藻九》，十七條，頁513。

而其行文用詞亦以「不足」、「有餘」說明之，這在表現上或受人物品評方式
之影響。又鍾嶸評詩諸多標準之一為重性情反對用典，其序云：

> 至乎吟詠情性，亦何貴於用事？……？觀古今勝語，多非補假，皆
> 由直尋。……。但自然英旨，罕值其人。詞既失高，則宜加事義。

> 雖謝天才，且表學問，亦一理乎！〔註70〕

此言吟詠乃感物吟志，屬性情之事，應發乎自然，這與人物品評重人物自然
風貌相同。

　　其次，徐復觀先生認為，魏晉時代的繪畫，是以人物為主。而這種人物
畫，是由人倫鑒識轉換後所追求的形相之美，亦即是在人倫鑒識中所追求形
相中的神，在技巧中把它表現出來〔註71〕。就本文前章論述可知，魏晉欣賞
人物，是重人物內在的「才」、「情」，而品鑒的關鍵就在於人物的「形」及「神」，
而人物品鑒重「神」的風氣，對人物畫的品評產生深刻影響。人物畫不再追
求人物對象的細部、局部的寫實，而是注重其個性特徵，並予以強調突出；
在總體上，把「傳神」作為寫形的目的〔註72〕，在人物鑒識中常用的精神、
風神、神情等語彙，常成為形容人物畫傳神、氣韻生動的依據。換言之，人
物畫的傳神、氣韻生動是來自人物品藻中的神，而徐復觀先生認為在魏晉玄
學風氣下的人倫品藻，一轉而為繪畫中的顧愷之的所謂傳神；再進而為謝赫
六法中的所謂氣韻生動。這都是以人為中心而演變的〔註73〕。從以上的論述，
我們可以體認出，人物品鑒對於文藝美學的影響是無疑的。

第三節　人物品評與史學發展之關係

　　逯耀東先生指出一個時代的史學必然孕育在它所存在的時代中，並且與
它所存在的時代發生交互的影響，因此透過一個時代的社會與文化的變遷，
可以了解這個時代史學的轉變與特色，分析一個時代的史學發展，同樣也可
以尋找這個時代社會與文化變遷的痕跡〔註74〕。依此觀點我們或可從魏晉史

〔註69〕　同註66，頁160。
〔註70〕　同註66，頁93～97。
〔註71〕　徐復觀，《中國藝術精神》，頁157。
〔註72〕　金民那，《文心雕龍的美學——文學的心靈及其藝術的表現》，頁28。
〔註73〕　同註71，頁225。
〔註74〕　逯耀東，〈魏晉史學的思想與社會基礎〉，《中華文化復興月刊》，第八卷第六
　　　　　期，頁39。

學發展特色，了解到社會文化風尚，易言之，可得知社會文化風尚與史學發展的關係。

《隋書・經籍志》整理古代圖書情形，其論述方式分經、史、子、集，在史部類分正史、古史、雜史、霸史、起居注、舊事、職官、儀注、刑法、雜傳、地理、譜系、簿錄等十三類〔註75〕。逯耀東先生認爲在這十三類中，自正史、古史以下，都是魏晉時代所出現的新史學著作形式。所以，《隋書・經籍志》的史部，不僅剖析了魏晉史學發展的流變，並且總結了魏晉史學的成果〔註76〕，就此觀之，實可經由《隋書・經籍志》了解魏晉史學特色。《隋書・經籍志》記載史部十三類部數及卷數如下表：

表十二：《隋書・經籍志》史部卷數表

史書類別	正史	古史	雜史	霸史	起居注	舊事	職官	儀注	刑法	雜傳	地理	譜系	簿錄
卷 數	3813	666	917	335	1189	404	336	2029	712	1286	1432	360	214
部 數	67	34	72	27	44	25	27	59	35	217	139	41	30

就卷數而言，以正史爲多，自班固斷代史之作後，歷朝之興替，每有沿襲斷代體例，記一朝一代之史，因此歷代有正史，而正史卷數乃各類史書之冠。但就部數而言，雜傳類與地理類據各類史書之冠就顯得特別，逯耀東先生認爲此兩類爲突出魏晉史學性格的史學寫作新體裁，而史學寫作的新體裁，是必須在一定的歷史環境和條件才能產生的〔註77〕，故雜傳類與地理類史書可謂爲魏晉史學的特色。雜傳何謂？據《隋書・經籍志》之記載，指出：

> ……。又漢時，阮倉作列仙圖，劉向典校經籍，始作列仙、列士、列女之傳，皆因其志向，率爾而作，不在正史。後漢光武，始詔南陽，撰作風俗，故沛、三輔有耆舊節士之序，魯、廬江有名德先賢之讚。郡國之書，由是而作。魏文帝又作列異，以序鬼物奇怪之事，嵇康作高士傳，以敘聖賢之風。因其事類，相繼而作者甚眾，名目轉廣，而又雜以虛誕怪妄之說。推其本源，蓋亦史官之末事也。〔註78〕

〔註75〕 《隋書》，卷三十三，〈經籍志〉，頁953～996。
〔註76〕 逯耀東，〈從隋書經籍志史部的形成論魏晉史學轉變的歷程〉，《食貨月刊》，復刊第十卷第四期，頁134。
〔註77〕 同註76，頁138。
〔註78〕 同註75，頁982。

據此雜傳內容實包含郡國之書、鬼物奇怪之事、事類相繼的傳記，而就其實際羅列雜傳二百一十七部書名觀之，有地方先賢耆舊傳（如《陳留耆舊傳》、《會稽先賢傳》）、同類主題之傳（如《高士傳》、《逸士傳》、《孝子傳》）、以時間區分之傳（如《正始名士傳》、《江左名士傳》）、個人專傳（如《東方朔傳》、《管輅傳》）、家傳（如《桓氏家傳》、《曹氏家傳》）、神怪之傳（如《鬼神列傳》、《搜神記》）〔註79〕，不管雜傳以何種形式表現皆以人物傳記為主，至於神怪之事例雖亦屬雜傳之例，不過其所占之比例並不多。據張蓓蓓女士之看法，以為正因人物成為觀察思辨賞鑒的對象，傳記一類著作才會大量產生，而人物傳記之大盛，顯然與人物品鑒之風大有關係〔註80〕，若此意見無誤，顯示出人物品鑒之社會風尚，影響了史學發展的方向。

　　自東漢始，人物傳記類型已有擴大之趨勢，這可從《後漢書》增添文苑、獨行、方術、逸民、列女等列傳看出，而人物新類型的出現，意含著對人欣賞觀點的開擴性，品評呈現多元化，個性之自由表現已成品評之重點。據逯耀東先生所言，魏晉列傳流行於東漢末年，至東晉末年的兩百年間〔註81〕，又以為別傳是魏晉史學脫離經學絆繫邁向獨立過程中，所出現的特殊寫作形式〔註82〕，而這種史學著作新形式的產生，認為是魏晉時代個人意識的覺醒及對個人性格的尊重與肯定所造成〔註83〕，而此形成別傳的因素，正與品評觀審之重點相同，正是時代風尚影響史學著作之實證。劉知幾《史通》卷十〈雜述〉第三十四在論述史流之雜著，將史分流別十類，其中第七類為別傳〔註84〕，其對別傳之定義為：

> 賢士貞女，類聚區分，雖百行殊途，而同歸於善。則有取其所好，
> 各為之錄，若劉向列女、梁鴻逸民、趙采忠臣、徐廣孝子。〔註85〕

據此別傳實為同主題之傳記集。逯耀東先生以為別傳是一種以個人為單位的

〔註79〕同註75，頁974～981。
〔註80〕張蓓蓓，〈漢晉人物品鑒研究〉，頁169。
〔註81〕逯耀東，〈魏晉別傳的時代性格〉，收入《中央研究院國際漢學會議論文集，歷史考古組（中冊）》，頁635。
〔註82〕逯耀東，〈別傳在魏晉史學中的地位〉，《幼獅學誌》，十二卷第一期，頁1。
〔註83〕同註81，頁640。
〔註84〕《史通通釋》，頁273。史氏流別，殊途并騖。權而為論，其流有十焉：一曰偏紀，二曰小錄，三曰逸事，四曰瑣言，五曰郡書，六曰家史，七曰別傳，八曰雜記，九曰地理書，十曰都邑簿。
〔註85〕同註84，頁274。

傳記〔註 86〕，又言不論任何形式的雜傳，都是由單獨個人的別傳爲基礎結合而成的〔註 87〕。李宗侗先生也認爲，別傳是專寫一人之事跡，漢代以後作者甚多，《三國志》注、《世說新語》注皆常引用，而古書中所引別傳，如《三國志》注引〈管寧別傳〉，是當時人爲一人所作之傳，而非劉知幾所說的別傳。因此稱同時人爲一人所撰爲別傳，爲若干同類人寫傳爲類傳。另外，別傳爲同時代人所作，類傳則爲後人所作，這與《史通》所說略有不同〔註 88〕。不管別傳指的是傳記集或個人傳記，皆說明了別傳是人物傳記的事實。前已言及自東漢始人物新類型已漸出現，對人的欣賞呈現多元之現象，因此對人物的評價也產生了新標準，逯耀東先生指出此新價值標準，對魏晉別傳選擇人物與材料，都產生了積極的作用與影響〔註 89〕，而此正說明了人物品評觀點的改變，影響了史學著作的內容，可見人物品評與史學發展之關係。

　　魏晉選舉之制，在漢末察舉漸行腐敗、清議激烈及政局混亂下，兩漢鄉舉里選之制已漸不能行，代之而起的是九品官人法。據《通典》卷十四〈選舉二〉載：

> 延康元年（220），吏部尚書陳群，以天朝選用不盡人才，乃立九品
> 官人法，州、郡皆置中正，以定其選。擇州郡之賢有識鑒者爲之。
> 區別人物，第其高下。〔註 90〕

據此，九品官人法之「區別人物，第其高下」，事實上即是人物品評。而中正品第人物高下之標準，據鄭欽仁先生整理文獻認爲是以簿世（譜牒家世）、狀（個人行狀）、和鄉品輩目（中正據簿世、行狀最後給予鄉品。但是給鄉品之前大致先列入某一層次，即是輩目，有擬其倫比、寄定輩類之意）爲主〔註 91〕。章學誠《文史通義》外篇載：「且有天下之史，有一國之史，有一家之史，有一人之史。傳狀誌述，一人之史也；家乘譜牒，一家之史也；部府縣志，一國之史也；綜紀一朝，天下之史也。」〔註 92〕據此家乘譜牒，爲一家之史，實是記錄姓氏家族繁衍情形之書籍。據鄭樵《通志》卷二十五〈氏族〉載：

〔註 86〕 同註 81。
〔註 87〕 同註 82。
〔註 88〕 李宗侗，《中國史學史》，頁 151～152。
〔註 89〕 同註 81，頁 651。
〔註 90〕 《通典》，卷十四，〈選舉二〉，頁 132 上。
〔註 91〕 鄭欽仁，〈九品官人法——六朝的選舉制度〉，收入中國文化新論制度篇《立國的宏規》，頁 224～225。
〔註 92〕 《文史通義》，外篇一，卷六，頁 8 後～9 前。

自隋唐而上，官有簿狀，家有譜系。官之選舉，必由于簿狀，家之
婚姻，必由於譜系。〔註93〕

又《新唐書・柳沖傳》載：

魏氏立九品，置中正，尊世胄，卑寒士，權歸右姓已。其州大中正、
主簿，郡中正、功曹，皆取著姓士族爲之，以定門胄，品藻人物。
晉、宋因之，始尚姓已。然其別貴賤，分士庶，不可易也。于時有
司選舉，必稽譜籍，而考其眞僞。故官有世胄，譜有世官，賈氏、
王氏譜學出焉。由是有譜局，令史職皆具。〔註94〕

此皆言選舉必須參考簿狀譜籍，而趙翼於《陔餘叢考》卷十七〈譜學〉也引
舉柳芳對魏氏立九品、置中正之看法，由此可知，趙翼也是贊同柳芳的說法
〔註95〕。可見簿狀譜牒與九品官人法選舉制度之關係，而九品官人法的實施
大抵從延康年間至隋文帝開皇七年，這使得中國譜學雖源於周代，但其昌盛
時期卻是在魏晉南北朝時期。就譜牒文獻價值而言，其記錄了一姓一族的氏
族來源，世代系統，人物傳記，遷徙定居，婚姻狀況，子孫繁衍和與此有關
的政治、經濟、文化狀況，保留了許多重要的原始資料〔註96〕。這種詳載個
人及家族情況的品狀，是別傳寫作的重要資料來源，另外，人物類比評論的
齊名和輩目，對別傳寫作形式，也產生了啓導作用。〔註97〕

　　魏晉史學的另一特色爲地理書之豐富，《隋書・經籍志》在介紹一百三十
九部地理類史書時，言及：

而史遷所記，但述河渠而已。其後劉向略言地域，丞相張禹使屬朱
貢條記風俗，班固因之作地理志。其州國郡縣山川夷險時俗之異，
經星之分，風氣所生，區域之廣，戶口之數，各有攸敍，與古禹貢、
周官所記相埒。是後載筆之士，管窺末學，不能及遠，但記州郡之
名而已。晉世，摯虞依禹貢、周官，作畿服經，其州郡及縣分野封
略事業，國邑山陵水泉，鄉亭城道里土田，民物風俗，先賢舊好，
靡不具悉，凡一百七十卷，今亡。〔註98〕

〔註93〕《通志》，卷二十五，〈氏族〉，頁439。
〔註94〕《新唐書》，卷一九九，〈柳沖傳〉，頁5677。
〔註95〕《陔餘叢考》，卷十七，〈譜學〉，頁6。
〔註96〕羅宏曾，《魏晉南北朝文化史》，頁454。
〔註97〕同註81，頁636。
〔註98〕同註75，頁988。

據此可知地理書大致之內容，及晉摯虞作畿服經，地方之先賢舊好亦羅列在內，這種新資料的採用，推測與當時重人物或有關係。《世說新語・言語》二十四條記載王濟、孫楚論說其地人物之美：

> 王云：「其地坦而平，其水淡而清，其人廉且貞。」孫云：「其山崔
> 巍以嵯峨，其水洰渫而揚波，其人磊砢而英多。」〔註99〕

據劉孝標注王濟爲太原晉陽人；孫楚爲太原中都人而二人論土地人物之美應指晉陽與中都兩地方，二人先論地方特色後言及人物特質，似說明地理與人物之關係，所謂「地靈人傑」是也。而地理書對地方環境及風氣之介紹，有助於了解人物之特質，而這種是屬於對區域人物的總體評價，亦算是人物品評的一種，故從地理書的豐富性我們亦可了解人物品評的盛行情況。除論地區人物特色外，亦有實際針對地區論人物之優劣者，如《世說新語・言語》七十二條：

> 王中郎（坦之）令伏玄度（滔）、習鑿齒論青、楚人物。臨成，以示
> 韓康伯。康伯都無言，王曰：「何故不言？」韓曰：「無可無不可。」
>
> 〔註100〕

劉孝標注引《滔集》載伏滔論春秋、戰國、前漢、後漢、魏等時代青州士人有才德者，而習鑿齒亦舉人物與其論優劣，伏滔與習鑿齒相往反的結果，竟使習鑿齒無以爲對〔註101〕。伏滔、習鑿齒對青、楚人材之熟悉，雖無說明其資料來源，但推測或有兩種可能，一爲將人物與籍貫實際進行一一比對得知；另一爲前人在編寫地理書時已將當時或前代知名人士寫於書中，二人不過酌加引用以爲論說罷，而針對第二種可能，地理書對人物編寫的內容亦有助於地方人物論之比較優劣。而地方人物論除較著名的青楚人物論外，還有汝穎人物論〔註102〕，其性質頗爲相近，可知地理書與人物品評實有密切關係。綜上所論，人物品評風尚實影響了史學的發展，史學與時代不可分在此又獲得證明。

第四節　人物品評與清談內容之擴展

清談爲魏晉特殊文化風尚，人物品評亦於此時最具特色，兩者間是否有

〔註99〕《世說新語・言語二》，二十四條，頁86。
〔註100〕《世說新語・言語二》，七十二條，頁132～133。
〔註101〕《世說新語・言語二》，七十二條劉孝標注部份，頁132～133。
〔註102〕《三國志》，卷十，〈荀彧傳〉注引荀氏家傳：陳群與孔融論汝、穎人物，群曰：「荀文若、公達、休若、友若、仲豫，當今並無對。」頁316。

關連呢？以下先將清談起源稍作說明，然後依序就清談起因、內容和派別考察人物品評與清談的關係。

　　清談之起源，趙翼據〈王衍傳〉所載：「何晏、王弼，祖述老莊，謂天地萬物，皆以無爲本。無者也，開物成務，無往而不存者也。」認爲起於魏正始中〔註103〕。劉大杰先生以爲此種論斷是錯誤的，認爲談論的風氣，從郭林宗已開始，但只稱談論，至建安才是清談名目的出現〔註104〕。雖其起源有正始或建安之差異，然清談爲魏晉特殊文化風尚卻是可確定的。

　　關於清談之起因，學者論之頗多，但不外乎從學術及政治面論〔註105〕。而林麗貞女士除同意學者之說外，特別從談辯形式探究其起因，認爲魏晉清談是集二人以上，針對某一個問題，提出攻難論辯的一種聚談。而這種聚談的形式，除起源於人類鬥智好辯的心理外，可以說是繼承東漢士人聚論五經異同、清議朝政得失、及月旦人物之習而來〔註106〕。就此論點觀之，人物的品評對清談似乎產生了一些影響。另外，對於談辯之風的興盛，劉大杰、逯耀東先生皆認爲東漢末的人物品評與清議，具有推波助瀾之作用〔註107〕。東漢末的談論，雖然與老莊玄學色彩與名家論辯方法無關，但談論的風氣已被注意，這對於魏晉清談的發生，自然很有影響〔註108〕，由談辯足以影響清談，而人物品評對談辯又有推波助瀾之效，由此推之，人物品評自有可能影響清談的發展。

　　清談內容爲何？這本無須議論，學者論說已多，然爲論證人物品評對清談內容之擴展性，還是有必要徵引史料以說明之。最足以代表清談內容之史料，可見於《南齊書》卷三十三〈王僧虔傳〉中所載誡子書，王僧虔言：

　　　　曼倩（東方朔）有云：「談何容易。」……汝開《老子》卷頭五尺
　　　　許，未知輔嗣（王弼）何所道，平叔（何晏）何所說，馬（融）、鄭
　　　　（玄）何所異，指例何所明，而便盛於塵尾，自呼談士，此最險事。
　　　　設令袁令（粲）命汝言易，謝中書（朏）挑汝言莊，張吳興（緒）

〔註103〕《廿二史箚記》，卷八，〈六朝清談之習〉條，頁102。
〔註104〕劉大杰，《魏晉思想論》，頁184。
〔註105〕論魏晉清談之因，可見劉大杰《魏晉思想論》，頁1～18；周紹賢《魏晉清談
　　　　述論》，頁1～23；何啓民《魏晉思想與談風》，頁18～45。
〔註106〕林麗眞，〈魏晉清談主題之研究〉，頁10。
〔註107〕持此觀點，可見劉大杰《魏晉思想論》，頁175，及逯耀東〈魏晉別傳的時代
　　　　性格〉，頁648。
〔註108〕劉大杰，《魏晉思想論》，頁177。

叩汝言老，端可復言未嘗看邪？談故如射，前人得破，後人應解，不解即輸賭矣。且論注百氏，荊州八袠，又才性四本，聲無哀樂，皆言家口實，如客至之有設也。汝皆未經拂耳瞥目。豈有庖廚不脩，而欲延大賓者哉？〔註109〕

由引文可知清談大致內容，其中才性四本最值得注意。而才性論之成爲當時重要談題，唐長孺先生認爲與實際選舉制度有關，特別是與曹操的「唯才是舉」政策有關〔註110〕。曹操選材新政策，注重「才」甚於「德」，這否認了傳統上德與才的關連性，因此衝突難以避免，而有才性四本之辯，此爲官方用人觀點不同所激，而實際上，即使是民間對一般人物的品評，其重點亦由過去對忠孝節義等德性上的嘉許轉爲對人物才性風格的純欣賞，此前文已有詳言。而這種對人物欣賞角度的改變，自然容易引起對才性問題的興趣，而成爲談論中的熱門話題。而據《世說新語・文學篇》第五條，劉孝標注引《魏志》言：

（鍾）會論才性同異，傳於世。四本者：言才性同，才性異，才性合，才性離也。尚書傅嘏論同，中書令李豐論異，侍郎鍾會論合，屯騎校尉王廣論離。文多不載。〔註111〕

據此文獻資料可知，時人對才性關係不同主張之多樣性。既然才性成爲熱門話題，而又有各種不同意見，也就難免不引起談辯，而在當時清談風氣極盛時，自然也就成爲清談的內容了。據《晉書》卷七十七〈殷浩傳〉載：

（殷）浩識度清遠，弱冠有美名，尤善玄言，與叔父融俱好老易。融與浩口談則辭屈，著篇則融勝，浩由是爲風流談論者所宗。〔註112〕

可見殷浩擅於談論，爲談論界高手。而據《世說新語・文學篇》記載：

殷中軍（浩）雖思慮通長，然於才性偏精。忽言及四本，便苦湯池鐵城，無可攻之勢。〔註113〕

又同篇五十一條載：

支道林、殷淵源（浩）俱在相王許。相王謂二人：「可試一交言。而才性殆是淵源崤、函之固，君其慎焉！」支初作，改轍遠之，數四交，

〔註109〕《南齊書》，卷三十三，〈王僧虔傳〉，頁598。
〔註110〕唐長孺，〈魏晉才性論的政治意義〉，頁310。
〔註111〕《世說新語・文學四》第五條，劉孝標注引《魏志》，頁195。
〔註112〕《晉書》，卷七十七，〈殷浩傳〉，頁2043。
〔註113〕《世說新語・文學四》第三十四條，頁222。

不覺入其玄中。相王撫肩笑曰：「此自是其勝場，安可爭鋒！」〔註114〕

從這兩則史料得知，殷浩所精於談論主題爲才性。余嘉錫先生箋疏《世說新語》，認爲清談之重才性四本，有如儒佛之經典〔註115〕，可見才性論在清談內容中具重要地位。而才性問題討論的是品評人物才性的抽象標準與原則問題，而就一般問題之發生，必有具體之事實爲前題而言，因品評人物，進而引發才性問題，是無庸置疑的，故云人物的品評對清談內容的擴展有助益應無誤。

牟宗三先生論魏晉名理正名時，專節探討「言意之辨」緣起，認爲「言不盡意」之觀念，出於品鑒才性，而這爲「言意之辨」興起的直接理由〔註116〕。據《世說新語》載：

舊云：王丞相過江左，止道聲無哀樂、養生、言盡意，三理而已。
〔註117〕

此王丞相乃是王導。據《晉書》卷六十五〈王導傳〉雖無其擅談之記載，然從本文前章對《世說新語》品評狀況之整理得知王導居品評者重要地位，而據學者所云人物品評又屬清談內容一節觀之，王導在談論能力上當不差才對，而實際上王導過江左所言的三理，也被學者認爲是清談內容。而王導主張的言盡意，不過是言、意之辨中的一種主張。當時歐陽建寫了〈言盡意論〉，以表明其看法，其文載：

夫天不言，而四時行焉，聖人不言，而鑒識存焉。形不待名，而方圓已著；色不俟稱，而黑白以彰。然則名之於物無施者也。言之於理無爲者也。而古今務於正名，聖賢不能去言，其故何也？誠以理得於心，非言不暢，物定於彼，非言不辯。言不暢志，則無以相接；名不辯物，則鑒識不顯。鑒識顯而名品殊，言稱接而情志暢。原其所以，本其所由，非物有自然之名，理有必定之稱也。欲辯其實，則殊其名。欲宣其志，則立其稱。名逐物而遷，言因理而變。此猶聲發響應，形存影附，不得相與爲二。苟其不二，則無不盡。吾故以爲盡矣。〔註118〕

〔註114〕《世說新語・文學四》第五十一條，頁234。
〔註115〕《世說新語・文學四》第五條，余嘉錫箋疏部份，頁195。
〔註116〕牟宗三，《才性與玄理》，頁243～244。
〔註117〕《世說新語・文學四》第二十一條，頁211。
〔註118〕《藝文類聚》，卷十九，頁348。

從其文觀之，其持言盡意之觀點昭然若揭。而據《三國志》卷十〈荀彧傳〉注引《晉陽秋》曰：

> 何劭爲粲傳曰：（荀）粲字奉倩。粲諸兄並以儒術論議，而粲獨好言道，常以爲子貢稱夫子之言性與天道，不可得聞，然則六籍雖存，固聖人之糠秕。粲兄俣難曰：「易亦云聖人立象以盡意，繫辭焉以盡言，則微言胡爲不可得而聞見哉？」粲答曰：「蓋理之微者，非物象之所舉也。今稱立象以盡意，此非通于意外者也，繫辭焉以盡言，此非言乎繫表也；斯則象外之意，繫表之言，固蘊而不出矣。」〔註119〕

荀粲回答其兄之言，似可明白確知荀粲主張「言不盡意」之觀點。而從王弼《周易略例·明象》又可見不同之觀點，其云：

> 夫象者，出意者也。言者，明象者也。盡意莫若象，盡象莫若言。言生於象，故可尋言以觀象。象生於意，故可尋象以觀意。意以象盡，象以言著。故言者所以明象，得象而忘言。象者所以存意，得意而忘象。猶蹄者所以在兔，得兔而忘蹄。筌者所以在魚，得魚而忘筌也。然者言者象之蹄也。象者意之筌也。是故存言者，非得象者也。存象者，非得意者也。象生於意而存象焉，則所存者，乃非其象也。言生於象而存言焉，則所存者，乃非其言也。然則忘象者，乃得意者也。忘言者，乃得象也。得意在忘象，得象在忘言。故立象以盡意，而象可忘也。重畫以盡情，而畫可忘也。〔註120〕

觀此引文王弼認爲言、象不過是工具，目的在表明象、意，既爲工具，自可得意而忘象，得象而忘言，換言之，其所持之觀點爲「得意忘言」。以上是言、意之辨所引發三種不同觀點，就此觀之，時人對言、意之辨的熱衷，是清談辯言的課題，而此「言、意之辨」實肇端於鑒識人物，因爲自漢末以來求名者多虛僞矯似，甚難辨別，識鑒者以瞻形視貌爲基礎以得人物內在眞實之精神，而這只可意會，而難以明言，這種現象可以說是「言不盡意」，爲言、意之辨諸說的一端，可見人物品評實對清談內容構成影響。另外，直接從歐陽建〈言盡意論〉觀之，其言：

> 世之論者，以爲言不盡意，由來尚矣。至乎通才達識，咸以爲然。若夫蔣公（濟）之論眸子，鍾（會）、傅（嘏）之言才性，莫不引此

〔註119〕《三國志》，卷十，〈荀彧傳〉注引《晉陽秋》，頁319～320。
〔註120〕《周易略例·明象》，收入程榮輯《漢魏叢書》，頁39。

　　爲談證。〔註121〕

蔣濟論人先觀察眼睛，鍾會、傅嘏談才性皆引言不盡意爲證，推其源，人倫識鑒確促進了人們對言、意之辨的注意。

　　就清談派別而言，大抵可區分爲以傅嘏、劉卲、鍾會等人爲代表以談才性爲內容的名理派，及以荀粲、何晏、王弼等人爲代表以談本末有無、養生論、聲無哀樂論、聖人有情無情等玄學的玄論派。牟宗三先生認爲，依歷史發展，就所談內容不同，如此分法，固無不可。但無論才性或玄論，俱可稱爲名理，因「名理」一詞在魏晉時是概括的通稱，並不專屬於魏初談才性者，玄理、清言也可稱爲「名理」〔註122〕。就整個魏晉名理而言，牟宗三先生認爲雖若蜻蜓點水，頭緒繁多，然大要言之，不過爲才性及玄學兩類〔註123〕。而唐君毅先生則認爲魏晉名理的歷史淵源，實際上是由漢末品評人物之風而來，亦與漢魏政治思想上，重核名實之刑名之論相關〔註124〕，人物品評爲魏晉名理淵源，而魏晉名理之大要二類正是清談之主要內容，故人物品評對清談內容的影響也可以由此清楚看出。牟宗三先生也同樣認爲才性名理因現實察舉上的名實問題而發，然其爲名理之本質卻在「品鑒」。此實承東漢末之品題人物而來，其看法與唐君毅先生一致〔註125〕。牟宗三先生又認爲《人物志》可稱爲才性名理，且以之爲開端，下貽鍾會的「四本論」〔註126〕，且直言談才性者，爲「品鑒之人學」〔註127〕，湯用彤先生則認爲《人物志》爲漢代品鑒風氣的結果，其宗旨在以名實爲依歸〔註128〕。而以研究名實爲出發之學即名理學，其作用在發揮或矯正東漢以來察舉與人才配合，以達到官無廢職，位無非人之目的，換言之，也就是人物品評之學〔註129〕。由此觀之，才性問題與人物品評當不可分開，若無人物品評之盛行，才性問題或不成爲談論焦點。陳寅恪先生〈逍遙遊向郭義及支遁義探源〉一文，目的在考證向郭義及

〔註121〕同註118。
〔註122〕牟宗三，《才性與玄理》，頁255。
〔註123〕牟宗三，《才性與玄理》，頁262。
〔註124〕唐君毅，〈論中國哲學思想史中「理」之六義〉，《新亞學報》，第一卷第一期，頁66～67。
〔註125〕牟宗三，《才性與玄理》，頁67。
〔註126〕牟宗三，《才性與玄理》，頁43。
〔註127〕同註122。
〔註128〕湯用彤，《魏晉玄學論稿》，頁10。
〔註129〕鄺士元，《中國學術思想史》，頁274。

支遁義何所出，其結論以爲支遁逍遙遊新義是根據佛教般若學格義，而向郭之逍遙遊義，雖不與劉氏人物才性之說相合，但其措意遣詞，實與孔才（劉卲）所言頗多近似之處。故懷疑向子期之解逍遙遊，不能不受當時人物才性論影響〔註130〕。由此可知，人物品評促使才性論蓬勃發展，進而影響談論時以才性觀點來解釋談論內容。而在前章分析品評者背景時，得知品評者頗具善談論之特質，這種關連性，使品評者在談論之際，難免將其品鑒人物習慣作爲談論之素材，溶於清談之中，這當然也對清談內容產生影響。然雖說人物品評擴展了清談內容，但品藻人物亦受談風影響，此可從品評內容以「言談」爲視角得知，可知兩者間是互爲表裏互爲影響的。

〔註130〕陳寅恪，〈逍遙遊向郭義及支遁義探源〉，收入《陳寅恪先生文集（二）》（金明館叢稿二編），頁85。

第六章　結　論

　　清談爲魏晉重要文化活動，最能凸顯其時代的特殊精神，其內容主題包含人物。以中國文化傳統而言，向來注重人文主義，對人物相當看重，重視人物批評已然成爲中國思想的特色。而魏晉史學特色也以重人物爲主，在此情形下，研究此時代的人物品評當具意義性。而《世說新語》爲志人小說，含豐富的品評內容，以其做爲人物品評探討的材料，當具有代表性。

　　人物品評並非突然出現於魏晉，只不過於魏晉顯得特別重要，就其淵源爲，漢代選才任用方法，是以鄉間清議作爲徵辟察舉的根據，而察舉重名實，故不免對人物進行品評，這實因政治實際需要而起。東漢風俗雖美善，然因學術上經學已雜揉陰陽之說，甚且以讖緯解經，造成讖緯之風盛行，社會已達迷信之極致，自有人針此提出嚴屬批評。而當時的政治弊病叢生，這也造成時人對現實政治問題提出批評，這些現象，造成批評之風盛行。胡適先生以爲此批評精神，影響了品評人物的風氣，故爲人物品評淵源之一。另外，東漢末，士大夫與宦官對峙，爲劃清界線，遂有激濁揚清之舉，這充分表現了士大夫的群體自覺意識，而士大夫的激濁揚清，自然離不開人物品評。而士大夫個體自覺意識的體現，可從自我欣賞、人物評論、重容貌、談論等處看出，就上所言，不論是群體自覺意識或個體自覺意識，皆有助於人物品評的產生。

　　就《世說新語》中品評人物的身分背景而言，品評者具知人之明者並不普遍，但有知人之能者，通常會對人物有諸多評論，因知人與否，通常是透過對人的評論及其表現結果證驗而知的，故知人者常能扮演品評者的角色。而品評者善談論或好玄學者頗有其人，非善談者亦有，不過品評者善談或具玄學修養較具有知人之明爲多。而品評者本身多幼年即擁有美譽，早被見賞，另外，在當時社會皆擁有盛名。品評者之居官，大抵皆爲五品官以上，依重

要品評者居前八位而言，雖一品官不少，但亦出現三品、五品者，並不因官品低就減輕其在品評活動的重要性。品評者的社會角色，除士大夫居多數外，有重帝、外戚、高僧，及在扮演品評者角色非屬重要的婦女。就品評者性情而言，並非趨於單一方向，其中不乏任率者，足見魏晉世風影響人物性格，但仍有力行儒家德目者。而魏晉人物品評內容，有針對容貌進行品評的，而品評者本身之容貌甚佳者，不乏其人。同時具品評者與被評者雙重身分者有其人，有兩角色同為重要的，也有差異大的，另外，有不重疊身分純為被評者。被評者與品評者最大之差異，為全無知人之記載，而在官品上大致較低。而在評者與被評者中，瑯琊王氏皆居重要地位，顯示瑯琊王氏在品評活動中的活躍性。

就人物品評關係類型而言，可分為親屬關係及交遊關係兩類。親屬關係中的品評，以親疏角度觀之，從親密的直系、旁系關係至疏遠的族人關係皆有之。就輩份而言，無嚴格限制，整個品評狀況相當活潑，不侷限於儒家所強調的尊卑有序，不容僭越的傳統。就評論內容，雖說魏晉人物品評鑒賞意義大於褒貶意義，但仍出現惡評之例，不過，多屬訓誡性質，有期勉改進之意，基本上，多屬上評下之情形。綜整個親屬關係，實已包含五倫中的父子、兄弟、夫婦三種關係。而在親屬關係下的血緣關係中，有一個特殊現象頗值得一提，為瑯琊王氏占各種情形之主要部份。瑯琊王氏一門在品評活動上的活躍性，推測有助其門第之盛。在交遊關係，有同事、同好、友善，另含君臣上下關係。就整個人物品評關係類型，五倫關係全展現在品評活動中。而史籍無明載交友關係但有因雅相器重而評，有雖相處不睦，但仍有評論，不過並不因不睦，就貶惡，相反地，是欣賞對方的優點，足見晉人風度雅範。除個人評論外，在品評上有所謂的公評、時人論，為時人對某一人物的共同看法，這亦屬人物品評的一種，在《世說新語》中可以容易的見到。

東漢末人物標榜，指稱天下名士，所重視的仍是傳統的士人德行及影響力。但這種現象到了魏晉，在東漢末逐漸注意人物風格，及曹操推行唯才是舉政策影響下，使品評標準產生變化。當時社會，清談辯論活動已然成為日常生活的一部份，且特別注意個人儀容舉止，而在人物品評內容上，發現有以人物的言談及容貌做為評論點的。而當時流行服食寒食散及縱酒，而在品評上出現就此論人，說明了品評內容與生活的關連性。而當時社會的價值觀，對文才極為重視，而在人物品評中，亦見針對文才而評。魏晉文學具玄虛傾

向，在人物品評內容上，重人物人在精神，使用之品評語句，多趨向玄虛之言，如以神、清為評語，此為品評內容受時代之風老莊玄虛思想影響。魏晉之世，時人對人生的企盼為長生不老，而在品評中，具有以神仙概念評人。個人意識的覺醒為魏晉一特點，人物品評時，注重個性，實受當時環境氣氛影響。就以上諸點，可知品評內容與時代環境息息相關。

《人物志》內容含知人的理論原則與方法，如由形所顯觀心所蘊、儀態、容止、聲音、貌色、眼神、談論等處觀人，以達到知人。另外在〈八觀〉篇提及考驗之法，其中「觀其奪救，以明間雜」、「觀其感變，以審常度」兩點，和〈七繆〉篇中指出的「接物有愛惡之惑」，及〈接識〉篇中指出的「能識同體之善，而或失異量之美」等，皆能在實地觀察《世說新語》品評情形時，得到印證。可見知人與品人的基本原則，是相差不遠的，《世說新語》有可能受到《人物志》的影響。魏晉人物典型，據《世說新語》實際考察人物品評情形，得知為「名士風流」。而「風流」何指呢？認為對風流之解說以周紹賢先生的風流人物，必有才氣、雅量、任性率真較佳。

人物品評的目的，在實用性方面，是欲藉品評所形成的名聲內涵，能被企慕效法，使有志者獲得鼓勵，砥礪力行，進而興風俗之美善。另外在區分善惡，足以厲俗明教化。此外也有以純欣賞而評，不為其他因由。而品評影響性之大，可從以「毀訾」比罰戮，以「黨譽」比爵賞得知。而進爵之先必核鄉評，可知品評對功祿仕途影響大。對於品評的真實性，古今學者皆持保留態度，認為魏晉品評活動，是站在互相標榜，互以為高的角度，要談到真實性，不免可疑。而品評的真實與否，固然有其重要性，但並不能因缺乏絕對真實，而忽視人物品評風氣在當時的重要性。

人物品評的影響，可從文藝美學、史學、清談等三方面中尋求。就文藝美學而言，促成了文體自覺，而人物品評的才性論也影響了六朝文論的情性說，且文學上品藻所使用的概念、名詞、術語等，皆可從人物品藻中尋到影子。而因品評人物，遂造成品評詩文之風，且人物品鑒中重「神」的風氣，對人物畫的品評也產生了深刻影響。另外，對於藝術批評觀念的變革、美學思想的發展、新美學概念的形成及審美鑒賞，皆產生了刺激作用。雜傳類、地理類史書為魏晉史學特色，此可能與人物品鑒之風有關，因人物成為觀察鑒賞的對象，因此人物傳記一類的著作才會大量產生。而人物評價的新價值標準和人物類比評論齊名輩目，對魏晉別傳選擇人物材料和寫作形式皆產生

了積極的啓發作用。晉人摯虞作《畿服經》，屬地理類性質史書，其將地方先賢舊好亦羅列在內，這種新資料的採用，推測與重人物或有關係。可知社會文化風尚與史學的關係，史學並非孤立發展的，而是孕育於時代環境中。曹操倡唯才是舉爲用人之方向，這與傳統上用人重德性有很大的差異，及因東漢末對人物欣賞的角度已逐漸轉變，因此產生了才性問題，成爲清談談辯的內容，當時對於才性就有四種不同之看法，有所謂的才性四本論。而品鑒才性，衍生了言不盡意觀念，爲言意之辨興起的直接理由，而言意之辨在當時亦屬熱門談題，可見人物品鑒對清談內容的擴展。魏晉名理分才性、玄學兩類，此正爲清談內容，而人物品評爲魏晉名理淵源，故人物品評對清談內容產生了影響。

對於《世說新語》中人物品評主題的探究，只是學習研究工作的初步，然仍有值得深入解決的問題，如風行當世的齊名比論，雖學者在討論品評格式時，已略爲提及，但僅限於比人、比事之浮面述敘，事實上仍可就比論人物身份做進一步了解，思索所以齊名之因。另外，被評人物所被評之內容與實際作爲及史臣傳曰當可察考參照，更深入了解人物的實情。而就整理出有關《世說新語》品評者與被評者狀況總表，當可從中提出人物做個案研究。再者，地域評論及諡號與品評關係都是值得再思考的問題。因限於時間能力緣故，此等問題只好留待日後做更進一步的探討。

沉浸於《世說新語》人物品評研究已有一段時間，對於魏晉人物之風流任達行爲，雖不免爲禮教衛道者所唾棄，但其眞率、坦誠之情，卻是不可多得的眞性情，今日社會眞、假之情眩惑人心，難以辨之，在此之際，單純的性情不失爲一股泓流。至於對人的看法，其實並不須將每個人定於框架之中，而歸類其類型，只須欣賞其個人風格及優點，那怕那優點是極其微小的，至於缺點，人總是難免的，這或許該以包容之心待之。自我意識的加強，可說是做此研究的另一項收獲吧！其實沒有比「做自己」這件事來的更重要，得知於自己的獨特性，認同肯定於自己，又何必太在乎世人的看法呢？重要的還是衷於自己的感覺，能夠欣賞自己，殷浩之言：「我與我周旋久，寧作我。」我們應該有這樣的豪氣。對於才、性之看法，不想以離合觀點爲言，其實兩者間並不存衝突，性可以純美、才可以耀眼，肯定是可以從自我的努力與修持做到的。《人物志》提醒了觀人論人所應考慮的觀照點，不陷於蒙蔽之處境，這在不可避免與人接觸的社會裏，無疑是很受用的。

參考書目

一、基本史料

1. 丁福保,《全漢三國晉南北朝詩》(台北:藝文印書館,民國 57 年)。

2. 王弼,《周易略例》,收入〔明〕程榮輯《漢魏叢書》(京都:中文出版社,1978 年 8 月三版)。

3. 王充撰、劉盼遂集解,《論衡集解》(台北:世界書局,民國 56 年 12 月再版)。

4. 王符撰、汪繼培箋,《潛夫論箋》(台北:世界書局,民國 64 年 11 月三版)。

5. 王鳴盛,《十七史商榷》(台北:大化書局,民國 66 年 5 月影印初版)。

6. 王夫之,《讀通鑑論》(台北:世界書局,民國 63 年 7 月五版)。

7. 王先謙集解,《荀子集解》(台北:世界書局,民國 54 年 3 月再版)。

8. 王先謙,《後漢書集解》(河北:中華書局,1984 年 2 月第一版)。

9. 孔氏傳、孔穎達疏,《尚書注疏》(四部備要,經部,中華書局據阮刻本校刊)。

10. 孔晁注,《逸周書》,收入〔明〕程榮輯《漢魏叢書》(京都:中文出版社,1978 年 8 月三版)。

11. 朱禮,《漢唐事箋》叢書集成新編(台北:新文豐出版公司印行,民國 74 年)。

12. 李燾,《六朝通鑑博議》,四庫全書珍本(台北:台灣商務印書館)。

13. 李昉等,《太平廣記》(台北:文史哲出版社,民國 70 年 11 月初版)。

14. 李昉等,《太平御覽》(台北:台灣商務印書館,民國 63 年 10 月台二版)。

15. 李慈銘,《越縵堂讀書記》(台北:世界書局,民國 50 年 9 月初版)。

16. 李延壽，《南史》，新校本（台北：鼎文書局，民國 65 年 11 月初版）。

17. 何晏集解、皇侃義疏，《論語集解義疏》（台北：世界書局，民國 69 年 5 月三版）。

18. 杜佑，《通典》（台北：大化書局，民國 67 年 4 月影印初版）。

19. 沈約，《宋書》，新校本（台北：鼎文書局，民國 64 年 6 月初版）。

20. 沈臬之輯，《兩晉清談》（廣文書局，民國 65 年）。

21. 林尹編纂，《兩漢三國文彙》（台北：中華叢書編審委員會印行，民國 49 年 8 月印）。

22. 房玄齡等，《晉書》，新校本（台北：鼎文書局，民國 81 年 11 月七版）。

23. 范曄，《後漢書》，新校本（台北：鼎文書局，民國 64 年 10 月初版）。

24. 馬端臨，《文獻通考》（台北：新興書局，民國 52 年 10 月新一版）。

25. 徐幹，《中論》（台北：世界書局，民國 64 年 11 月三版）。

26. 徐天麟，《東漢會要》（台北：台灣商務印書館，民國 57 年 3 月台一版）。

27. 荀悅撰、黃省曾注，《申鑒》（台北：世界書局，民國 64 年 11 月三版）。

28. 馬國翰輯，《玉函山房輯佚書》（台北：文海出版社，民國 56 年 6 月台初版）。

29. 班固等，《東漢漢記》（河北：中華書局，1985 年）。

30. 班固，《漢書》，新校本（台北：鼎文書局，民國 65 年 10 月再版）。

31. 唐順之，《兩晉解疑》，百部叢書集成第三函：學海類編（台北：藝文印書館，民國 56 年）。

32. 唐順之，《兩漢解疑》，百部叢書集成：學海類編第三函（台北：藝文印書館，民國 56 年）。

33. 高誘註，《呂氏春秋》（台北：藝文印書館，民國 63 年元月三版）。

34. 袁宏，《後漢記》，四部叢刊初編（江蘇：上海書店）。

35. 馬總，《意林》（台北：世界書局，民國 56 年 3 月再版）。

36. 郭慶藩輯，《莊子集釋》（台北：河洛圖書出版社，民國 63 年 3 月台影印一版）。

37. 章學誠，《文史通義》（四部備要，史部，中華書局據原刻本校刊）。

38. 陳壽，《三國志》，新校本（台北：鼎文書局，民國 82 年 2 月七版）。

39. 曹丕，《典論》（台北：世界書局，民國 64 年 11 月三版）。

40. 揚雄，《法言》（台北：藝文印書館，民國 56 年）。

41. 張溥輯，《漢魏六朝一百三家集》（台北：新興書局，民國 57 年 3 月新一版）。

42. 張敦頤，《六朝事跡編類》，百部叢書集成：古今逸史第三函（台北：藝

文印書館，民國 55 年）。

43. 焦循，《孟子正義》（河北：中華書局，1987 年第一版）。

44. 逯欽立輯校，《先秦漢魏晉南北朝詩》（台北：木鐸出版社，民國 72 年 9 月初版）。

45. 楊晨，《三國會要》（台北：世界書局，民國 49 年 11 月初版）。

46. 楊侃，《兩漢博聞》（台北：台灣商務印書館，民國 60 年台一版）。

47. 董仲舒撰、凌曙注，《春秋繁露注》（台北：世界書局，民國 56 年 12 月再版）。

48. 葛洪，《抱朴子》（四部叢刊初編，子部，上海商務印書館縮印江南圖書館藏明魯藩刊本）。

49. 虞世南，《北堂書鈔》（文海出版社，民國 67 年）。

50. 趙翼，《廿二史箚記》（台北：世界書局，民國 75 年 10 月九版）。

51. 趙翼，《陔餘叢考》（台北：世界書局，民國 54 年 3 月再版）。

52. 劉邵，《人物志》（台北：藝文印書館，民國 55 年）。

53. 劉珍等，《東漢觀記》，百部叢書集成：聚珍版叢書第十八函（台北：藝文印書館，民國 58 年）。

54. 劉勰撰、黃叔琳注，《文心雕龍注》（台北：世界書局，民國 75 年 10 月四版）。

55. 劉義慶，《世說新語》（臺北：中華書局，民國 61 年）。

56. 劉知幾撰、浦起龍釋，《史通通釋》（台北：九思出版有限公司，民國 67 年 10 月 10 日台一版）。

57. 鄭樵，《通志》（台北：新興書局，民國 52 年 10 月新一版）。

58. 鄭氏注，《禮記》（上海商務印書館縮印宋刊本）。

59. 錢大昕，《十駕齋養新錄》（台北：廣文書局，民國 57 年 1 月初版）。

60. 歐陽詢等，《藝文類聚》（台北：西南書局，民國 63 年 8 月初版）。

61. 歐陽修等，《新唐書》，新校本（台北：鼎文書局，民國 68 年 2 月二版）。

62. 錢時，《兩漢筆記》，四庫全書珍本（台北：台灣商務印書館）。

63. 蕭統，《文選》（台北：華正書局，民國 71 年）。

64. 蕭子顯，《南齊書》，新校本（台北：鼎文書局，民國 64 年 3 月初版）。

65. 鍾嶸，《詩品》（台北：台灣商務印書館，民國 54 年）。

66. 謝赫，《古畫品》，收入巴壺天、戴培之編纂《兩晉南北朝文彙》（台北：中華叢書編審委員會，民國 49 年 8 月印行）。

67. 戴德，《大戴禮記》，收入〔明〕程榮輯《漢魏叢書》（京都：中文出版社，1978 年 8 月三版）。

68. 應劭，《風俗通義》（台北：世界書局，民國 64 年 7 月再版）。

69. 顏之推，《顏氏家訓》（四部叢刊初編，子部，上海商務印書館縮印江安傳氏雙鍵樓明刊本）。

70. 魏徵，《隋書》，新校本（台北：鼎文書局，民國 64 年）。

71. 嚴可均編，《全上古三代秦漢三國六朝文》（台北：世界書局，民國 71 年 2 月四版）。

72. 瀧川龜太郎，《史記會注考證》（台北：洪氏出版社，民國 75 年 9 月版）。

73. 顧炎武，《日知錄》（台北：臺灣商務印書館，民國 67 年 6 月台一版）。

74. 釋慧皎，《高僧傳》，海山仙館叢書（台北：藝文印書館）。

二、近人論著

1. 王能憲，《世說新語研究》（江蘇古籍出版社，1992 年）。

2. 王叔岷，《鍾嶸詩品箋證稿》（台北：中央研究院中國文哲研究所，民國 81 年 3 月初版）。

3. 孔繁，《魏晉玄談》（遼寧教育出版社，1991 年 11 月第一版）。

4. 孔毅，《魏晉名士》（成都：巴蜀書社，1994 年 4 月第一版）。

5. 毛漢光，《兩晉南北朝士族政治之研究》（台北：中國學術著作獎助委員會，民國 55 年 7 月初版）。

6. 田文棠，《魏晉三大思潮論稿》（陝西：人民出版社，1988 年 12 月第一版）。

7. 江建俊，《漢末人倫鑒識之總理則——劉邵人物志研究》（台北：文史哲出版社，民國 72 年 3 月出版）。

8. 牟宗三，《才性與玄理》（台北：臺灣學生書局，民國 82 年 2 月修訂八版）。

9. 朴美齡，《世說新語中所反映的思想》（台北：文津出版社，民國 79 年）。

10. 刑永川，《中國家族譜縱橫談》（廣西教育出版社，1993 年 11 月一版）。

11. 余嘉錫，《世說新語箋疏》（台北：仁愛書局發行，民國 73 年 10 月版）。

12. 余英時，《中國知識階層史論（古代篇）》（台北：聯經出版事業公司，民國 82 年 5 月初版二刷）。

13. 何啓民，《魏晉思想與談風》（台北：臺灣學生書局，民國 79 年 6 月四刷）。

14. 何啓民，《中古門第論集》（台北：臺灣學生書局，民國 67 年元月初版）。

15. 何啓民，《竹林七賢研究》（台北：臺灣學生書局，民國 67 年 6 月三版）。

16. 李澤厚、劉綱紀主編，《中國美學史》，第二卷（台北：谷風出版社，民國 76 年 12 月台一版）。

17. 李澤厚，《美的歷程》（台北：谷風出版社，民國 76 年 11 月初版）。

18. 李春青，《魏晉清玄》（北京：師範大學出版社，1993 年 10 月第一版）。

19. 李威熊，《董仲舒與西漢學術》（台北：文史哲出版社，民國 67 年 6 月初版）。

20. 李宗侗，《中國史學史》（台北：中國文化大學出版部，民國 75 年 2 月再版）。

21. 呂思勉，《讀史札記》（台北：木鐸出版社，民國 72 年 9 月初版）。

22. 周紹賢，《魏晉清談述論》（台北：臺灣商務印書館，民國 76 年 2 月三版）。

23. 林瑞翰，《魏晉南北朝史》（台北：五南圖書出版，民國 79 年 5 月初版）。

24. 林麗雪，《抱朴子內外篇思想析論》（台北：臺灣學生書局，民國 69 年 5 月初版）。

25. 孟瑤，《中國文學史》（台北：大中國圖書公司，民國 63 年 8 月初版）。

26. 金民那，《文心雕龍的美學——文學的心靈及其藝術的表現》（台北：文史哲出版社，民國 82 年 7 月初版）。

27. 宗白華，《美從何處尋》（台北：駱駝出版社，民國 84 年 6 月一版二刷）。

28. 柳詒徵，《中國文化史》（台北：正中書局，民國 76 年 11 月初版第十六次印行）。

29. 胡適，《中國中古思想小史》（台北：胡適紀念館，民國 58 年 4 月）。

30. 祝平一，《漢代的相人術》（台北：臺灣學生書局，民國 79 年 2 月初版）。

31. 徐震堮，《世說新語校箋》（台北：文史哲出版社，民國 78 年 9 月再版）。

32. 徐復觀，《中國藝術精神》（台北：臺灣學生書局，民國 81 年 7 月第十一次印刷）。

33. 徐復觀，《中國文學論集》（台北：臺灣學生書局，民國 65 年 9 月三版）。

34. 唐君毅，《中國哲學原論（原性篇）》（台北：臺灣學生書局，民國 78 年 11 月全集校訂版）。

35. 唐翼明，《魏晉清談》（台北：東大圖書公司，民國 81 年 10 月初版）。

36. 唐長孺，《魏晉南北朝史論叢》（北京：三聯書店，1955 年）。

37. 孫述圻，《六朝思想史》（江蘇：南京出版社，1992 年 12 月第一版）。

38. 孫以繡，《王謝世家之興衰》（台北：三民書局，民國 56 年 10 月初版）。

39. 馬良懷，《崩潰與重建中的困惑——魏晉風度研究》（北京：中國社會科學出版社，1993 年 4 月第一版）。

40. 黃盛雄，《王符思想研究》（台北：文史哲出版社，民國 71 年 4 月初版）。

41. 黃雲生，《王充評論》（三信出版社，民國 64 年）。

42. 陳寅恪，《陳寅恪先生文集》（台北：里仁書局，民國 70 年 3 月）。

43. 陳東原，《中國婦女生活史》（台北：臺灣商務印書館，民國 79 年 12 月

台九版）。

44. 梁漱溟，《中國文化要義》（台北：里仁書局，民國 71 年 9 月）。

45. 郭爲藩，《自我心理學》（台南：開山書店，民國 61 年 4 月初版）。

46. 郭紹虞，《中國文學批評史》（台北：台灣商務印書館，民國 58 年 11 月台一版）。

47. 湯用彤，《魏晉玄學論稿》，收入《魏晉思想》，乙編三種（台北：里仁書局，民國 84 年 8 月初版）。

48. 馮友蘭，《中國哲學史新編》，第四冊（北京：人民出版社，1986 年 9 月第一版）。

49. 華正書局編輯部編著，《中國文學發展史》（台北：華正書局，民國 68 年 5 月）。

50. 賀昌群，《魏晉清談思想初論》，收入《魏晉思想》，甲編三種（台北：里仁書局，民國 84 年 8 月初版）。

51. 楊勇，《世說新語校箋》（台北：宏業書局，民國 60 年 3 月出版）。

52. 楊吉仁，《三國兩晉學校教育與選士制度》（台北：正中書局，民國 59 年 5 月台二版）。

53. 楊筠如，《九品中正與六朝門閥》（上海商務印書館，民國 19 年 12 月初版）。

54. 張少康，《文心雕龍新探》（台北：文史哲出版社，民國 80 年 7 月初版）。

55. 張蓓蓓，《中古學術論略》（台北：大安出版社，1991 年 5 月第一版第一刷）。

56. 張亮采，《中國風俗史》（台北：台灣商務印書館，民國 82 年 4 月台二版）。

57. 萬繩楠整理，《陳寅恪魏晉南北朝史講演錄》（安徽：黃山書社，1987 年 4 月第一版）。

58. 臺灣商務印書館編審部，《經今古文學》（台北：臺灣商務印書館，民國 56 年 3 月台一版）。

59. 趙書廉，《魏晉玄學探微》（河南：河南人民出版社，1992 年 12 月第一版）。

60. 廖蔚卿，《六朝文論》（台北：聯經出版事業公司，民國 67 年 4 月初版）。

61. 寧稼雨，《魏晉風度——中古文人生活行爲的文化意蘊》（北京：東方出版社，1992 年 9 月第一版）。

62. 蒲魯姆、塞茨尼克著，朱岑樓譯，《社會學》（台北：三民書局，民國 56 年 1 月初版）。

63. 劉大杰，《魏晉思想論》，收入《魏晉思想》，甲編三種（台北：里仁書局，民國 84 年 8 月初版）。

64. 劉澤華編,《中國古代政治思想史》(南開大學出版社,1992 年)。

65. 錢穆,《國史大綱》(台北:台灣商務印書館,民國 77 年 12 月修訂十六版)。

66. 盧雲,《漢晉文化地理》(西安:陝西人民教育出版社,1991 年 4 月第一版)。

67. 蕭艾,《世說探幽》(湖南:湖南出版社,1992 年 11 月第一版)。

68. 鄺士元,《中國學術思想史》(台北:里仁書局,民國 81 年 1 月)。

69. 羅宗強,《玄學與魏晉士人心態》(浙江:浙江人民出版社,1991 年 7 月第一版)。

70. 羅宏增,《魏晉南北朝文化史》(四川:四川人民出版社,1989 年 8 月第一版)。

71. 蘇紹興,《兩晉南朝的士族》(台北:聯經出版事業公司,民國 76 年 3 月初版)。

72. 《現代漢語詞典》修訂版(香港商務印書館,1980 年)。

73. 張永言主編,《世說新語辭典》(成都:四川人民出版社,1992 年第一版)。

三、一般論文

(一) 中　文

1. 王澤民,〈人物品題與漢末標榜之風〉,《文史知識》,1991 年九期。

2. 王增文,〈從《世說新語》看魏晉風流〉,《大學文科園地》,1988 年第三期(總二十一期)。

3. 王曉毅,〈游宴與魏晉清談〉,《文史哲》,1993 年第六期。

4. 孔繁,〈從《世說新語》看清談〉,《文史哲》,1981 年六期。

5. 毛漢光,〈三國政權的社會基礎〉,《中央研究院歷史語言研究所集刊》四十六本第一分,民國 63 年 12 月。

6. 毛漢光,〈從中正品評與官職之關係論魏晉南朝之社會架構〉,《中央研究院歷史語言研究所集刊》第四十六本第四分,民國 64 年 10 月。

7. 毛漢光,〈中國中古賢能觀念之研究——任官標準之觀察〉,《中央研究院歷史語言研究所集刊》第四十八第三分,民國 66 年 9 月。

8. 毛漢光,〈中古大士族之個案研究——瑯琊王氏〉,收入氏著《中國中古社會史論》(台北:聯經事業出版公司,民國 77 年 2 月初版)。

9. 史可揚,〈魏晉風度與審美〉,《內蒙古社會科學》,第六期 1993 年。

10. 古苔光,〈魏晉任誕人物的分類與行為的探究〉,《淡江學報》十二期,民國 63 年 3 月。

11. 朴敬姬,〈世說新語中人物品鑒之研究〉,政大中文所碩士論文,民國 71

年 6 月。

12. 江興祐，〈論世說新語對人的審視及其依據〉，《杭州大學學報》二十卷一期，1990 年。

13. 江興祐，〈從《世說新語》看魏晉士人的生命意識〉，《中國古代、近代文學研究》，1990 年三期。

14. 谷川道雄著、邱添生譯，〈中古史上的中世〉，《思與言》二十五卷五期，1988 年 1 月。

15. 宋德熹，〈參透風流二字禪——「風流」詞義在中國社會文化史上的遞變〉，《淡江大學中文學報》創刊號。

16. 余英時，〈曹雪芹的反傳統思想〉，收入氏著《史學與傳統》（台北：時報文化出版事業有限公司，民國 71 年 5 月再版）。

17. 呂正惠，〈盧卡奇的文學批評〉，收入氏著《小說與社會》（台北：聯經出版事業公司，民國 77 年 5 月初版）。

18. 李毓芙，〈《世說新語》的時代特色〉，《中國古代、近代文學研究》，1992 年十一期。

19. 林麗眞，〈魏晉清談主題之研究〉，臺大中文所博士論文，民國 67 年。

20. 金發根，〈東漢黨錮人物的分析〉，《中央研究院歷史語言研究所集刊》第三十四本下冊，民國 52 年 12 月。

21. 吳天任，〈魏晉士大夫的生活藝術〉，《大陸雜誌》第四十二卷第六期，民國 60 年 3 月。

22. 胡守爲，〈漢魏的浮華士風〉，《學術研究》，1983 年一期。

23. 胡寶國，〈漢晉之際的汝潁名士〉，《歷史研究》，1991 年第五期。

24. 唐長孺，〈清談與清議〉，收入氏著《魏晉南北朝史論叢》（北京：三聯書店，1955 年）。

25. 唐長孺，〈九品中正制度試釋〉，收入氏著《魏晉南北朝史論叢》（北京：三聯書店，1955 年）。

26. 唐長孺，〈魏晉才性論的政治意義〉，收入氏著《魏晉南北朝史論叢》（北京：三聯書店，1955 年）。

27. 唐長孺，〈魏晉玄學之形成及其發展〉，收入氏著《魏晉南北朝史論叢》（北京：三聯書店，1955 年）。

28. 唐君毅，〈論中國哲學思想史中「理」之六義〉，《新亞學報》第一卷第一期，民國 44 年。

29. 韋政通，〈傳統中國理想人格的分析〉，收入李亦園、楊國樞編《中國人的性格》（台北：桂冠圖書公司，1990 年）。

30. 袁行霈，〈魏晉玄學中的言意之辨與中國古代文藝理論〉，收入《魏晉思想》，甲編三種（台北：里仁書局，民國 84 年 8 月初版）。

31. 高國抗，〈魏晉南北朝時期史學的巨大發展〉，《暨南學報》，1984 年三期。

32. 徐守寬、裴彥貴，〈從《世說新語》看魏晉南北朝志人小說的幾個特點〉，《中國古代、近代文學研究》，1990 年八期。

33. 孫道昇，〈清談起源考〉，《東方雜誌》第四十二卷第三號，民國 35 年 2 月。

34. 孫寧瑜，〈東漢太學生參預政治活動之研究〉，《女師專學報》九期，民國 66 年 5 月。

35. 陳寅恪，〈陶淵明之思想與清談之關係〉，收入氏著《陳寅恪先生文集》，金明館叢稿初編（台北：里仁書局，民國 70 年 3 月）。

36. 陳寅恪，〈書世說新語文學類鍾會撰四本論始畢條後〉，收入氏著《陳寅恪先生文集》，金明館叢稿初編（台北：里仁書局，民國 70 年 3 月）。

37. 陳寅恪，〈逍遙遊向郭義及支遁義探源〉，收入氏著《陳寅恪先生文集》，金明館叢稿二編（台北：里仁書局，民國 70 年 3 月）。

38. 陳文新，〈「世說」體審美規范的確立──論《世說新語》〉，《學術論壇》，1994 年四期。

39. 陳嘯江，〈魏晉時代之「族」〉，《中山大學史學專刊》一卷一期，民國 24 年 12 月。

40. 陳長琦，〈魏晉南朝的資品與官品〉，《歷史研究》，1990 年第六期。

41. 陳慧玲，〈由世說新語探討魏晉清談與雋語之關係〉，東吳中文所碩士論文，民國 76 年 4 月。

42. 梅家玲，〈世說新語名士言談中的用典技巧〉，《台大中文學報》第二期，民國 77 年 11 月。

43. 馮友蘭，〈論風流〉，《三松堂學術文集》（北京：北京大學出版社，1984 年 3 月第一版）。

44. 馮友蘭，〈魏晉之際關於名實、才性的辯論〉，《中國哲學史研究》，1983 年四期。

45. 馮承基，〈論魏晉名士之政治生涯〉，《國立編譯館館刊》第二卷第二期，民國 62 年 9 月。

46. 張蓓蓓，〈漢晉人物品鑒之研究〉，臺大中文所博士論文，民國 72 年 6 月。

47. 張蓓蓓，〈漢書古今人物對論語中人物的品第〉，《孔孟月刊》二十四卷三期，民國 74 年。

48. 張永昊，〈世說新語的審美觀〉，《文史哲》，1989 年第六期。

49. 張祥浩，〈魏晉時期的才德之辨〉，《學術月刊》，1987 年 10 月。

50. 張繼紅，〈論《世說新語》獨特的文學價值〉，《中國古代、近代文學研究》，1990 年十二期。

51. 逯耀東,〈從隋書經籍志史部的形成論魏晉史學轉變的歷程〉,《食貨月刊》復刊十卷四期,民國 69 年 7 月。

52. 逯耀東,〈魏晉別傳的時代性格〉,收入《中央研究院國際漢學會議論文集,歷史考古組（中冊）》,民國 70 年 10 月。

53. 逯耀東,〈魏晉對歷史人物評論標準的轉變〉,《食貨月刊》復刊三卷一期,民國 62 年 4 月。

54. 逯耀東,〈魏晉雜傳與中正品狀的關係〉,《中國學人》第二期,1970 年 9 月。

55. 逯耀東,〈魏晉史學的思想與社會基礎〉,《中華文化復興月刊》八卷六期,民國 64 年 6 月。

56. 逯耀東,〈魏晉玄學與個人意識醒覺的關係〉,《史原》第二期,民國 60 年 10 月。

57. 逯耀東,〈別傳在魏晉史學中的地位〉,《幼獅學誌》十二卷一期,民國 63 年 6 月。

58. 逯耀東,〈《世說新語》與魏晉史學的關係〉,食貨月刊編輯委員會主編,《陶希聖先生八秩榮慶論文集》（台北：食貨月刊編輯委員會主編,民國 68 年）。

59. 喬健,〈關係芻議〉,收入《中央研究院民族學研究所專刊》乙種之十,民國 71 年 4 月。

60. 傅錫壬,〈世說四科對論語四科的因襲與嬗變〉,《淡江學報》十二期,民國 63 年 3 月。

61. 勞榦,〈漢代察舉制度考〉,《中央研究院歷史語言研究所集刊》第十七本,民國 37 年。

62. 賈元圓,〈六朝人物品鑒與文學批評〉,東吳中文所碩士論文,民國 74 年 11 月。

63. 楊美愛,〈世說新語新探——從世說新語探魏晉之思想社會與亡國〉,《弘光護專學報》六期,民國 67 年 6 月。

64. 葉慶炳,〈論世說新語比較人物優劣〉,《書評書目》五十七期,民國 67 年 1 月。

65. 寧稼雨,〈《世說新語》是志人小說觀念成熟的標志〉,《中國古代、近代文學研究》,1989 年第二期。

66. 葛建平,〈東晉南朝社會中的家庭倫常〉,《中山大學學報》（哲學版,廣州）,1990 年 8 月。

67. 趙克堯,〈魏晉風度論〉,《復旦學報》（社會科學版）,1988 年第一期。

68. 鄭毓瑜,〈文心雕龍的辭氣論——兼論辭氣品鑒與人物品鑒的關係〉,《台大中文學報》創刊號,民國 74 年 11 月。

69. 鄭欽仁，〈九品官人法──六朝的選舉制度〉，收入中國文化新論制度篇《立國的宏規》（台北：聯經出版事業公司，民國72年4月第二次印行）。

70. 廖蔚卿，〈論魏晉名士的雅量──世說新語雜論之一〉，《台大中文學報》第二期，民國77年11月。

71. 魯迅，〈魏晉風度及文章與藥及酒之關係〉，收入《魏晉思想》，乙編三種（台北：里仁書局，民國84年8月初版）。

72. 劉增貴，〈論後漢末的人物評論風氣〉，收入杜維運等編《中國史學論文選集第六輯》（台北：幼獅文化事業公司，民國75年）。

73. 劉增貴，〈漢魏士人同鄉關係考論〉，《大陸雜誌》第八十四卷第一、二期，民國81年1、2月。

74. 劉顯叔，〈東漢魏晉的清流士大夫與儒學大族〉，《簡牘學報》第五期，民國66年1月。

75. 譙夢庵，〈東漢的人倫賞鑑之風〉，《人生》第二八八期第二十四卷十二期，民國51年11月。

76. 錢穆，〈略論魏晉南北朝學術文化與當時門第之關係〉，《新亞學報》五卷二期。

77. 錢穆，〈略述劉邵人物志〉，收入氏著《中國學術思想史論叢（三）》（台北：東大圖書有限公司，民國66年7月初版）。

78. 蕭振邦，〈魏晉前朝審美觀的轉化與特色暨《人物志》的美學意義〉，《中央大學人文學報》第九期，民國80年。

79. 繆鉞，〈清談與魏晉政治〉，《中國文化研究彙刊》八卷，民國37年9月。

80. 鄺利安，〈魏晉門第勢力轉移與治亂之關係〉，《史學彙刊》第八期，1977年7月。

81. 顏承繁，〈人物志在人性學上之價值〉，師大國文所碩士論文，民國67年。

（二）日 文

1. 小林昇，〈魏晉時代の傳記と史官〉，《早稻田大學大學院文學研究科紀要》第十九輯，1973年12月。

2. 矢野主稅，〈狀の研究〉，《史學雜誌》第七十六編第二號，昭和42年2月。

3. 宇都宮清吉，〈世說新語の時代〉，《東方學報》（京都）第十冊第二分，昭和14年7月。

4. 岡材繁，〈郭泰・許劭の人物評論〉，《東方學》第十輯，昭和30年4月。

5. 越智重明，〈清議と鄉論〉，《東洋學報》第四十八卷第一號，1965年6月。

四、報 紙

1. 〈中國時報〉，1993年10月29日，四十三版。

附　錄

附錄一：《世說新語》品評者狀況總表

品　評　者	被　　　　　評　　　　　者				
謝　安	劉惔9:73	劉惔8:116	王濛9:76	王濛8:133	支遁14:37
	支遁9:67	支遁9:85	王述8:78	庾亮9:70	晉孝武帝12:6
	郗超9:82	庾闡4:79	庾龢9:82	嵇康9:67	顧愷之21:7
	王坦之8:128	衛永9:69	楊朗8:63	褚裒1:34	褚爽7:24
	蘇紹9:57	桓伊23:42	王羲之9:85	王洽8:141	王獻之9:74
	王獻之9:77	王獻之31:6	王胡之8:125	王胡之8:129	王珣8:147
王　導	王述9:23	庾亮26:4	衛玠14:16	和嶠9:16	刁協8:54
	戴儼8:54	顧和2:33	庾琮8:40	諸葛恢7:11	丁潭9:13
	孔愉9:13	虞騑9:13	王羲之9:28	王衍8:37	王恬14:25
	王彭之26:8	王彪之26:8	殷浩4:22	卞壺8:54	
孫　綽	劉惔9:36	王濛9:36	孫綽9:36	許詢9:54	謝尚9:36
	支遁14:37	阮裕9:36	陸機4:84	潘岳4:84	潘岳4:89
	謝奉8:85	袁羊9:36	袁羊9:65	桓溫9:36	殷融9:36
	魏顗8:85	孔沈8:85	虞球8:85	虞存8:85	曹毗4:93
	陸機4:89				
王　衍	裴頠2:23	王承9:10	郭象8:32	王衍8:25	王澄8:27
	王戎2:23	山濤8:21	諸葛宏4:13	閭丘沖9:9	
劉　惔	王濛8:87	王濛9:44	王濛9:43	許詢8:95	江彪9:56
	殷浩8:86	何充8:130	庾敳9:58	江灌8:135	桓溫14:27
	蕭輪8:75				
簡文帝	劉惔8:118	劉惔8:138	劉惔4:56	許詢8:144	許詢4:85
	王述8:91	殷浩8:113	殷浩9:39	嵇康9:31	謝奉9:40
	何晏9:31	庾統8:89	王恬8:106		
王　濛	劉惔8:109	劉惔9:48	謝安8:76	支遁8:98	王述9:47
	殷浩8:81	殷浩8:121	殷浩8:115	江灌8:84	戴逯7:17
	江惇8:94				

王 敦	衛 玠 8:51 王 含 5:28	王羲之 8:55 楊 朗 8:58	王 敦 13:3 王 舒 8:46	王 衍 14:17	王 應 8:49
王羲之	支 遁 8:88 王臨之 8:120	謝 萬 8:88 劉 惔 8:88	杜 乂 14:26	陳 泰 8:108	祖 約 8:88
周 顗	庾 亮 9:22 高坐道人 8:48	桓 彝 14:20 王 訥 14:21	周 顗 5:23 劉 惔 25:17	周 顗 9:22	郗 鑒 9:14
桓 溫	謝 安 9:45 袁 宏 4:92	謝 尚 10:19 高坐道人 8:48	謝 尚 14:32 王 敦 8:79	謝 尚 8:103 王 劭 14:28	殷 浩 8:117
蔡 洪	顧 榮 8:20 陸 雲 8:20	朱 誕 8:20 陸 機 8:20	嚴 隱 8:20	張 暢 8:20	吳 展 8:20
庾 亮	庾 敳 8:41 庾 統 8:69	庾 敳 8:42 王羲之 8:72	庾 翼 8:69	衛 永 8:107	王 玄 8:35
裴 楷	山 濤 8:8	鍾 會 8:8	夏侯玄 8:8	傅 嘏 8:8	王 戎 14:6
劉 訥	王 衍 9:8	杜 育 9:8	周 恢 9:8	樂 廣 9:8	張 華 9:8
謝 鯤	嵇 紹 8:36	謝 鯤 9:17	董 養 8:36	王 玄 8:36	周 顗 25:15
王 戎	山 濤 8:10	阮 武 8:13	王 衍 8:16	王 祥 1:19	
王 恭	劉 惔 9:78	劉 惔 9:84	王 濛 9:84	謝 安 9:84	王 忱 8:153
殷 浩	殷 浩 9:34	謝 萬 8:93	王羲之 8:80	王羲之 8:100	韓康伯 8:90
張 華	顧 榮 8:19	褚 陶 8:19	陸 雲 8:19	陸 機 8:19	
龐 統	陸 績 9:2	全 琮 9:2	顧 劭 9:2	龐 統 9:3	
支 遁	王 濛 8:92	王 濛 14:29	王 脩 8:123	王胡之 8:136	王胡之 9:60
王 忱	阮 籍 23:51	桓 玄 23:50	王 珣 10:22		
王 澄	王 玄 7:12	王 徽 8:52	王 衍 8:27		
王胡之	車 胤 7:27	王羲之 9:47	殷 浩 8:82		
王獻之	謝 安 8:148	羊 祜 2:86	王徽之 8:151		
阮 裕	王 應 8:96	王 悅 8:96	王羲之 8:96		
周 嵩	周 顗 7:14	周 嵩 7:14	周 謨 7:14		
武 陔	王 戎 8:14	陳 泰 9:5	裴 楷 8:14		
桓 彝	王 導 16:1	徐 寧 8:65	褚 裒 8:66		
郗 超	謝 安 9:62	傅 亮 7:25	傅 迪 7:25		
傅 嘏	夏侯玄 7:3	何 晏 7:3	鄧 颺 7:3		
山 濤	阮 咸 8:12	王 衍 7:5			
王 珣	桓 溫 14:34	簡文帝 14:34			
王 應	王 彬 7:15	王 舒 7:15			
王楨子	桓 玄 9:86	王獻之 9:86			
司馬道子	王 恭 8:154	王 忱 8:154			
李 膺	荀 淑 1:5	鍾 皓 1:5			

孫　統	謝　安 9:59	衛　永 9:69			
桓　伊	衛　玠 9:42	杜　乂 9:42			
許　詢	劉　惔 8:111	簡文帝 8:111			
庾　敳	和　嶠 8:15	郭　象 8:26			
楊　淮	樂　廣 9:7	裴　頠 9:7			
裴　頠	楊　髦 9:7	楊　喬 9:7			
樂　廣	楊　髦 9:7	楊　喬 9:7			
蔡　邕	李　膺 9:1	陳　蕃 9:1			
劉　瑾	謝　安 9:87	桓　玄 9:87			
劉　琨	祖　逖 8:43	華　軼 7:9			
衛　瓘	衛　玠 7:8	樂　廣 8:23	樂　廣 8:23		
鍾　會	王　戎 8:5	王　戎 8:5	王　戎 8:6	裴　楷 8:6	裴　楷 8:5
謝　甄	許　劭 8:3	許　虔 8:3	許　虔 8:3		
謝　尚	庾　統 8:89	王　脩 8:134			
謝　萬	高　崧 2:82	王　耆之 8:122			
謝道蘊	王凝之 19:26	謝　遏 19:28			
濟　尼	顧家婦 19:30	謝道蘊 19:30			
山濤妻	山　濤 19:11				
卞　令	卞　向 8:50				
卞　壺	郗　鑒 9:24				
王　述	王坦之 5:47	王坦之 9:64			
王　朗	華　歆 1:12				
王　洽	王　濛 14:33				
王　爽	王　爽 5:64				
王　濟	衛　玠 14:14				
王　廣	王廣婦 19:9				
王廣婦	王　廣 19:9				
王和之	謝　琰 26:32				
王國寶	王　珣 32:3				
王徽之	井　丹 9:80				
公孫度	邴　原 8:4				
羊　祜	王　衍 7:5				
李弘度	李　重 9:46				
阮　孚	謝　尚 8:104				

阮　籍	王　戎 25：4
何　充	庾　亮 17：9
宋　禕	謝　尙 9：21
孟　昶	王　恭 16：6
祖　約	衛　永 14：22
范　啓	王獻之 25：50
范　甯	王　忱 8：150
桓　玄	桓　謙 9：88
郗　恢	謝　敷 18：17
郗　鑒	周　顗 9：14
孫　登	嵇　康 18：2
袁恪之	殷仲堪 9：81
殷仲文	殷仲堪 8：156
郭　泰	黃　憲 1：3
郭　奕	羊　祜 8：9
陶　侃	庾　亮 29：8
庾　龢	庾　龢 9：63
庾　琮	劉　綏 8：64
庾　翼	劉　惔 8：73
陳　諶	陳　寔 1：7
陳　紀	陳　寔 2：6
陳　蕃	周　乘 8：1
曹　操	楊　脩 11：3
習鑿齒	簡文帝 4：80
喬　文	曹　操 7：1
嵇　康	趙　至 2：15
裴　潛	劉　備 7：2
潘　滔	王　敦 7：6
劉長沙	王坦之 9：53
鍾　雅	庾　亮 5：35
謝　玄	王坦之 8：149
韓康伯	謝　玄 7：23

說明：本表依《世說新語》人名索引，逐條檢索而得。包括自評。
　　　9：73 表示〈品藻九〉第七十三條，以下類推。

附錄二：《世說新語》被評者狀況總表

被評者	品		評		者
劉　惔	簡　文 4:56	簡　文 8:118	簡　文 8:138	王　濛 8:109	王　濛 9:48
	許　詢 8:111	謝　安 8:116	謝　安 9:73	孫　綽 9:36	王　恭 9:78
	王　恭 9:84	王羲之 8:88	庾　翼 8:73	周　顗 25:17	
王　衍	王　戎 8:16	王　澄 8:27	王　導 8:37	山　濤 7:5	羊　祜 7:5
	王　衍 8:25	劉　訥 9:8	王　敦 14:17		
殷　浩	王　濛 8:81	王　濛 8:115	王　濛 8:121	王胡之 8:82	劉　惔 8:86
	簡　文 8:113	簡　文 9:39	桓　溫 8:117	殷　浩 9:34	謝　安 9:67
	王　導 4:22				
王羲之	王　敦 8:55	庾　亮 8:72	殷　浩 8:80	殷　浩 8:100	阮　裕 8:96
	王　導 9:28	王胡之 9:47	謝　安 9:85	王　恭 9:84	劉　瑾 9:87
	郗　超 9:62				
王　濛	劉　惔 8:87	劉　惔 9:43	劉　惔 9:44	支　遁 8:92	支　遁 14:29
	謝　安 8:133	謝　安 9:76	孫　綽 9:36	王　恭 9:84	王　洽 14:33
庾　亮	鍾　雅 5:35	周　顗 9:22	謝　安 9:70	何　充 17:9	王　導 26:4
	陶　侃 29:8				
王　戎	鍾　會 8:5	鍾　會 8:5	鍾　會 8:6	武　陔 8:14	王　衍 2:23
	裴　楷 14:6	阮　籍 25:4			
衛　玠	王　敦 8:51	衛　瓘 7:8	桓　伊 9:42	王　濟 14:14	王　導 14:16
山　濤	王　戎 8:10	王　衍 8:21	裴　楷 8:8	山濤妻 19:11	
支　遁	王　濛 8:98	王羲之 8:88	謝　安 9:67	謝　安 9:85	謝　安 14:37
	孫　綽 14:37				
王　述	謝　安 8:78	簡　文 8:91	王　導 9:23	王　濛 9:47	
王坦之	謝　安 8:128	謝　玄 8:149	王　述 5:47	王　述 9:64	劉長沙 9:53
周　顗	周　顗 5:23	周　顗 9:22	郗　鑒 9:14	周　嵩 7:14	謝　鯤 25:15
衛　永	庾　亮 8:107	孫　統 9:69	謝　安 9:69	祖　約 14:22	
謝　尚	阮　孚 8:104	孫　綽 9:36	桓　溫 10:19	宋　褘 9:21	桓　溫 14:32
	桓　溫 8:103				
王　敦	桓　溫 8:79	潘　滔 7:6	王　敦 13:3		
王　忱	范　甯 8:150	王　恭 8:153	司馬道子 8:154		
王　玄	王　澄 7:12	庾　亮 8:35	謝　鯤 8:36		
王　珣	謝　安 8:147	王　忱 10:22	王國寶 32:3		
王獻之	謝　安 9:74	謝　安 9:77	謝　安 31:6	王　楨之 9:86	范　啟 25:50

桓 玄	王楨之 9:86	劉 瑾 9:87	王 忱 23:50	
桓 溫	孫 綽 9:36	劉 惔 14:27	王 珣 14:34	
庾 統	簡 文 8:89	謝 尙 8:89	庾 亮 8:69	
許 詢	劉 惔 8:95	簡 文 8:144	簡 文 4:85	孫 綽 9:54
陸 機	孫 綽 4:84	孫 綽 4:89	蔡 洪 8:20	張 華 8:19
嵇 康	簡 文 9:31	謝 安 9:67	孫 登 18:2	
樂 廣	衛 瓘 8:23	衛 瓘 8:23	楊 淮 9:7	劉 訥 9:8
簡文帝	習鑿齒 4:80	許 珣 8:111	王 珣 14:34	
陳 寔	陳 諶 1:7	陳 紀 2:6		
陳 泰	王羲之 8:108	武 陔 9:5		
楊 髦	裴 頠 9:7	樂 廣 9:7		
楊 喬	裴 頠 9:7	樂 廣 9:7		
楊 朗	王 敦 8:58	謝 安 8:63		
褚 裒	謝 安 1:34	桓 彝 8:66		
裴 楷	鍾 會 8:6	鍾 會 8:5	武 陔 8:14	
裴 頠	王 衍 2:23	楊 淮 9:7		
謝 萬	殷 浩 8:93	王羲之 8:88		
謝 奉	孫 綽 8:85	簡 文 9:40		
顧 榮	張 華 8:19	蔡 洪 8:20		
丁 潭	王 導 9:13			
刁 協	王 導 8:54			
王 爽	王 爽 5:64			
王 承	王 衍 9:10			
王 訥	周 顗 14:21			
王 洽	謝 安 8:141			
王 導	桓 彝 16:1			
王 澄	王 衍 8:27			
王 徽	王 澄 8:52			
王 悅	阮 裕 8:96			
王 劭	桓 溫 14:28			
王 祥	王 戎 1:19			
王 含	王 敦 5:28			

王　彬	王　應 7:15
王　廣	王廣婦 19:9
王耆之	謝　萬 8:122
王凝之	謝道蘊 19:26
王徽之	王獻之 8:151
王臨之	王羲之 8:120
王彭之	王　導 26:8
王彪之	王　導 26:8
王廣婦	王　廣 19:9
卞　向	卞　令 8:50
卞　壼	王　導 8:54
井　丹	王徽之 9:80
孔　愉	王　導 9:13
孔　沈	孫　綽 8:85
全　琮	龐　統 9:2
江　惇	王　濛 8:94
江　彪	劉　惔 9:56
朱　誕	蔡　洪 8:20
吳　展	蔡　洪 8:20
阮　裕	孫　綽 9:36
阮　籍	王　忱 23:51
阮　咸	山　濤 8:12
阮　武	王　戎 8:13
李　重	李弘度 9:46
李　膺	蔡　邕 9:1
何　充	劉　惔 8:130
杜　育	劉　訥 9:8
車　胤	王胡之 7:27
周　恢	劉　訥 9:8
周　乘	陳　蕃 8:1
周　謨	周　嵩 7:14
周　嵩	周　嵩 7:14

邴　原	公孫度 8：4	
祖　約	王羲之 8：88	
祖　逖	劉　琨 8：43	
桓　彝	周　顗 14：20	
桓　伊	謝　安 23：42	
桓　謙	桓　玄 9：88	
郗　超	謝　安 9：82	
孫　綽	孫　綽 9：36	
袁　羊	孫　綽 9：36	孫　綽 9：65
袁　宏	桓　溫 4：92	
殷　融	孫　綽 9：36	
高　崧	謝　萬 2：82	
徐　寧	桓　彝 8：65	
荀　淑	李　膺 1：5	
晉孝武帝	謝　安 12：6	
黃　憲	郭　泰 1：3	
曹　毗	孫　綽 4：93	
曹　操	喬　玄 7：1	
庾　闡	謝　安 4：79	
庾　翼	庾　亮 8：69	
庾　琮	王　導 8：40	
許　虔	謝　甄 8：3	謝　甄 8：3
許　劭	謝　甄 8：3	
陳　蕃	蔡　邕 9：1	
陸　績	龐　統 9：2	
嵇　紹	謝　鯤 8：36	
華　軼	劉　琨 7：9	
華　歆	王　朗 1：12	
傅　迪	郗　超 7：25	
傅　亮	郗　超 7：25	
傅　嘏	裴　楷 8：8	
褚　陶	張　華 8：19	

褚　爽	謝　安 7:24
楊　脩	曹　操 11:3
張　暢	蔡　洪 8:20
張　華	劉　訥 9:8
虞　球	孫　綽 8:85
虞　存	孫　綽 8:85
虞　騊	王　導 9:13
董　養	謝　鯤 8:36
閭丘沖	王　衍 9:9
趙　至	嵇　康 2:15
潘　岳	孫　綽 4:84　　　孫　綽 4:89
劉　備	裴　潛 7:2
劉　綏	庾　琮 8:64
鄧　颺	傅　嘏 7:3
諸葛恢	王　導 7:11
諸葛宏	王　衍 4:13
謝　鯤	謝　鯤 9:17
謝　敷	郗　恢 18:17
謝　琰	王和之 26:32
謝　玄	韓康伯 7:23
謝　遏	謝道蘊 19:28
謝道蘊	濟　尼 19:30
鍾　會	裴　楷 8:8
鍾　皓	李　膺 1:5
戴　逵	王　濛 7:17
戴　儼	王　導 8:54
蕭　輪	劉　惔 8:75
魏　顗	孫　綽 8:85
韓康伯	殷　浩 8:90
蘇　紹	謝　安 9:57
龐　統	龐　統 9:3
嚴　隱	蔡　洪 8:20

王 恬	簡 文 8:106	王 導 14:25
王 應	王 敦 8:49	阮 裕 8:96
王 舒	王 應 7:15	王 敦 8:46
王 恭	司馬道子 8:154	孟 昶 16:6
王 脩	支 遁 8:123	謝 尚 8:134
王胡之	謝 安 8:125	謝 安 8:129　支 遁 8:136　支 遁 9:60
羊 祜	王獻之 2:86	郭 奕 8:9
江 灌	王 濛 8:84	劉 惔 8:135
杜 乂	桓 伊 9:42	王羲之 14:26
何 晏	傅 嘏 7:3	簡 文 9:31
和 嶠	庾 敱 8:15	王 導 9:16
殷仲堪	殷仲文 8:156	袁恪之 9:81
郗 鑒	周 顗 9:14	卞 壺 9:24
夏侯玄	裴 楷 8:8	傅 嘏 7:3
高坐道人	周 顗 8:48	桓 溫 8:48
庾 敱	庾 亮 8:41	庾 亮 8:42　劉 惔 9:58
庾 龢	庾 龢 9:63	謝 安 9:82
郭 象	庾 敱 8:26	王 衍 8:32
陸 雲	蔡 洪 8:20	張 華 8:19
顧 和	王 導 2:33	
顧 劭	龐 統 9:2	
顧愷之	謝 安 21:7	
顧家婦	濟 尼 19:30	

說明：本表依附錄一：《世說新語》品評者狀況總表而得。
　　　4:56 表示〈文學四〉第五十六條，以下類推。

附錄三：人物傳略表

姓　　名	謝　安	孫　綽
字　　號	安　石	興　公
郡　　望	陳郡陽夏	太原中都
知人情況	常疑劉牢之既不可獨任，又知王味之不宜專城。牢之既以亂終，而味之亦以貪敗，由是識者服其知人。	
雅重情形	王導深器之。爲桓溫見重。	綽與（許）詢一時名流，或愛詢高邁，則鄙於綽，或愛綽才藻，而無取於詢。
才　　性	弱冠，詣王濛清言良久。眾咸服其雅量。處家常以儀範訓子弟。性遲緩。好音樂。善行書。	博學善屬文，少與高陽許詢俱有高尙之志。性通率，好譏調。少以文才垂稱，于時文士，綽爲其冠。
關　　係	謝尙從弟。父裒。與王羲之及高陽許詢、桑門支遁遊處。嘗與孫綽等汎海。弟萬。妻，劉惔妹也。弟石，兄子玄。甥羊曇。	友人范榮期。子嗣。曾祖宏，南陽太守。祖楚。父纂。
祖先官品	父：太常卿（三）	曾祖：南陽太守（五） 祖：馮翊太守（五）
最高官品	建昌縣公（一）	散騎常侍（三）
少時情況	年四歲時，譙郡桓彝見而歎曰：「此兒風神秀徹，後當不減王東海。」少有重名。少有盛名，時多愛慕。	
資料來源	《晉書》卷七十九	《晉書》卷五十六

姓　名	王　導	王　衍
字　號	茂　弘	夷　甫
郡　望	瑯琊臨沂	瑯琊臨沂
知人情況		有重名於世，時人許以人倫之鑒。
雅重情形	有羸疾，不堪朝會，帝幸其府，縱酒作樂，後令輿車入殿，其見敬如此。	聲名藉甚，傾動當世。
才　性	簡素寡欲。	申陳事狀，辭甚清辯。初好論從橫之術，故尚書盧欽舉爲遼東太守。不就，於是口不論世事，唯雅詠玄虛而已。妙善玄言，唯談老莊爲事。儁秀有令望，希心玄遠，未嘗語利。
關　係	光祿大夫覽之孫。父裁，鎮軍司馬。從兄敦。導六子：悅、恬、洽、協、劭、薈。	父乂，爲平北將軍。妻郭氏，賈后之親。女爲愍懷太子妃。弟澄。族弟敦。子玄。王敦、謝鯤、庾敳、阮脩皆爲衍所親善。
祖先官品	祖：光祿大夫（三） 父：鎮軍司馬	父：平北將軍
最高官品	始興郡公（一）	司徒（一）
少時情況	年十四，陳留高士張公見而奇之，謂其從兄敦曰：「此兒容貌志氣，將相之器也。」	總角嘗造山濤，濤嗟歎良久，既去，目而送之曰：「何物老嫗，生寧馨兒！然誤天下蒼生者，未必非此人也。」
資料來源	《晉書》卷六十五	《晉書》卷四十三

姓　　名	劉　惔	簡文帝
字　　號	眞　長	道　萬
郡　　望	沛國相	河內溫縣
知人情況	惔每奇（桓）溫才，而知其有不臣之迹，及後竟如其言。嘗薦吳郡張憑，憑卒爲美士，眾以此服其知人。	
雅重情形	王導深器之。爲名流所敬重。	
才　　性	雅善言理。與王濛並爲談客。性簡貴。高自標置。尤好老莊，任自然趣。	清虛寡欲，尤善玄言。帝雖神識恬暢，而無濟世大略，故謝安稱爲惠帝之流，清談差勝耳。
關　　係	祖宏，光祿勳。父耽，晉陵太守。尚明帝女廬陵公主。與王羲之雅相友善。	元帝之少子也。
祖先官品	祖：光祿勳（三） 父：晉陵太守（五）	
最高官品	丹楊尹（三）	
少時情況	少清遠，有標奇。家貧。	幼而岐嶷，爲元帝所愛。郭璞見而謂人曰：「興晉祚者，必此人也。」少有風儀，善容止，留心典籍，不以居處爲意，凝塵滿席，湛如也。
資料來源	《晉書》卷七十五	《晉書》卷九

姓　　名	王　濛	王　敦
字　　號	仲　祖	處　仲
郡　　望	太原晉陽	瑯琊臨沂
知人情況		
雅重情形		
才　　性	美姿容。善隸書。	雅尚清談，口不言財色。性簡脫，有鑒裁，學通左氏，口不言財利，尤好清談，時人莫知，惟族兄戎異之。
關　　係	哀靖皇后父。曾祖黯，歷位尚書。祖佑，北軍中候。父訥，新淦令。與沛國劉惔齊名友善。司徒王導辟爲掾。有二子脩、蘊。	司徒導之從父兄。父基，治書侍御史。尚武帝女襄城公主。兄含。敦無子，養含子應。
祖先官品	祖：北軍中候（五） 父：新淦令（六）	祖：光祿大夫（三） 父：治書侍御史（六）
最高官品	中書郎（五）	武昌郡公（一）
少時情況	少時放縱不羈，不爲鄉曲所齒，晚節始克己勵行，有風流美譽，虛己應物，恕而後行，莫不敬愛焉。	
資料來源	《晉書》卷九十三	《晉書》卷九十八

姓　　名	王羲之	桓　溫
字　　號	逸　少	元　子
郡　　望	瑯琊臨沂	譙國龍亢
知人情況		
雅重情形	爲從伯敦、導所器重。殷浩素雅重之。	
才　　性	辯贍，以骨鯁稱。雅好服食養性，不樂在京師，初渡浙江，便有終焉之志。性愛鵝。任率。善隸書。	豪爽有風概，姿貌甚偉。性儉。
關　　係	司徒導之從子。祖正，尚書郎。父曠，淮南太守。從伯敦、導。妻，郗鑒之女。孫綽、李充、許詢、支遁等皆以文義冠世，與羲之同好。	宣城太守彝之子。少與沛國劉惔善。選尚南康長公主。溫與庾翼友善。溫六子：熙、濟、歆、褘、偉、玄。
祖先官品	祖：尚書郎（六） 父：淮南太守（五）	祖：郎中 父：萬寧縣男（二）
最高官品	右軍將軍（四）	南郡公（一）
少時情況	幼訥於言，人未之奇。年十三，嘗謁周顗，顗察而異之。時重牛心炙，坐客未噉，顗先割啖羲之，於是始知名。少有美譽。	生未朞而太原溫嶠見之，曰：「此兒有奇骨，可試使啼。」及聞其聲，曰：「眞英物也！」
資料來源	《晉書》卷八十	《晉書》卷九十八

姓　　名	蔡　洪	周　顗
字　　號		伯　仁
郡　　望		汝南安城
知人情況		
雅重情形		以雅望獲海內盛名。王導甚重之。
才　　性		性寬裕而友愛過人。
關　　係		安東將軍浚之子也。從弟穆。弟嵩。三子：閔、恬、頤。
祖先官品		祖：少府卿（三） 父：侍中（三）
最高官品		尚書（三）
少時情況		少有重名。司徒掾同郡賁嵩有清操，見顗，嘆曰：「汝潁固多奇士！自頃雅道陵遲，今復見周伯仁，將振起舊風，清我邦族矣。」
資料來源		《晉書》卷六十九

姓　　名	庾　亮	裴　楷
字　　號	元　規	叔　則
郡　　望	潁川鄢陵	河東聞喜
知人情況		有知人之鑒。
雅重情形	元帝甚器重之。	
才　　性	美姿容，善談論，性好莊老，風格峻整，動由禮節，閨門之內不肅而成。坦率行己。	尤精老易。風神高邁，容儀俊爽，博涉群書，特精理義。性寬厚。行己任率。
關　　係	明穆皇后之兄。父琛。與溫嶠俱爲太子布衣之好。三弟懌、條、翼。三子彬、羲、龢。	父徽，魏冀州刺史。從兄衍。與山濤、和嶠並以盛德居位。楷子瓚娶楊駿女，然楷素輕駿，與之不平。楷長子輿先娶亮女，女適衛瓘子。妻父王渾。與張華、王戎並管機要。五子：輿、瓚、憲、禮、遜。
祖先官品	父：建威將軍（四）	父：冀州刺史（四） 從父：尚書令（三）
最高官品	永昌縣開國公（一）	開府儀同三司（一）
少時情況		弱冠知名。
資料來源	《晉書》卷七十三	《晉書》卷三十五

姓　　名	劉訥	謝鯤
字　　號	令　言	幼　興
郡　　望	彭　城	陳國陽夏
知人情況	有人倫鑒識。	
雅重情形		明帝在東宮見之，甚相親重。與（周）顗素相親重。
才　　性		通簡有高識，不修威儀。好老易。能歌善鼓琴。任達不拘。不徇功名，無砥礪行。
關　　係	爲劉隗伯父。子疇。	祖纘，典農中郎將。父衡，以儒素顯，仕至國子祭酒。每與畢卓、王尼、阮放、羊曼、桓彝、阮孚等縱酒。子尙。
祖先官品		祖：典農中郎將 父：國子祭酒（三）
最高官品	司隸校尉（三）	豫章太守（五）
少時情況		少知名。
資料來源	《晉書》卷六十九	《晉書》卷四十九

姓　　名	龐　統	王　戎
字　　號	士　元	濬　沖
郡　　望	襄　陽	瑯琊臨沂
知人情況	（顧劭問龐統）：「卿名知人，吾與卿孰愈？」	有人倫鑒識。
雅重情形		其爲識鑒者所賞。
才　　性	性好人倫，勤於長養。	任率不修威儀，善發談端，賞其要會。性好興利。性至孝，不拘禮制。
關　　係	子宏。弟林。父，諫議大夫。	祖雄，幽州刺史。父渾，涼州刺史、貞陵亭侯。與阮籍交。裴頠，戎之婿。族弟敦有高名，戎惡之。戎從弟衍。子萬。
祖先官品	父：諫議大夫	祖：幽州刺史（四） 父：涼州刺史（四）
最高官品	中郎將（四）	司徒（一）
少時情況	穎川司馬徽清雅有知人鑒，稱統當爲南州士之冠冕，由是漸顯。	幼而穎悟，神彩秀徹。視日不眩，裴楷見而目之曰：「戎眼爛爛，如巖下電。」
資料來源	《三國志》卷三十七	《晉書》卷四十三

姓　　名	王　恭	張　華
字　　號	孝　伯	茂　先
郡　　望	太原晉陽	范陽方城
知人情況		
雅重情形	孝武帝以恭后兄，深相欽重。	名重一世，眾所推服。裴頠素重華。
才　　性	簡率。性抗直。爲性不弘，以闇於機會。尤信佛道。美姿儀。	學業優博，辭藻溫麗，朗贍多通。少自修謹，造次必以禮度。勇於赴義，篤於周急，器識弘曠。性好人物。
關　　係	光祿大夫蘊子，定皇后之兄。與王忱齊名友善。弟爽。	父平，魏漁陽郡守。妻，劉放女。二子：禕、韙。
祖先官品	祖：中書郎（五） 父：光祿大夫（三）	父：漁陽郡守（五）
最高官品	都督兗青冀幽并徐州晉陵諸軍事(二)	壯武郡公（一）
少時情況	少有美譽。	少孤貧，自牧羊，同郡盧欽見而器之。
資料來源	《晉書》卷八十四	《晉書》卷三十六

姓　　名	殷　浩	阮　裕
字　　號	深　源	思　曠
郡　　望	陳郡長平	陳留尉縣
知人情況		
雅重情形	浩有盛名，朝野推伏。	
才　　性	尤善玄言，與叔父融俱好老易。	宏達不及（阮）放，而以德業知名。有肥遁之志。裕雖不博學，論難甚精。
關　　係	父羨，爲豫章太守。浩甥韓伯。少與桓溫齊名。子涓。	大將軍王敦命爲主簿。三子：傭、寧、普。
祖先官品	父：光祿勳（三）	
最高官品	都督揚豫徐兗青五州軍事（二）	散騎常侍（三）
少時情況	識度清遠，弱冠有美名。	
資料來源	《晉書》卷七十七	《晉書》卷四十九

姓　　名	王　澄	武　陔
字　　號	平　子	元　夏
郡　　望	瑯琊臨沂	沛國竹邑
知人情況		
雅重情形	澄夙有盛名，出於（王）敦右，士庶莫不傾慕之。有高名。澄及王玄、王濟並有盛名。	文帝甚親重之。
才　　性		少好人倫。
關　　係	王敦、謝鯤、庾敳、阮修皆爲衍所親善，號爲四友，而亦與澄狎，又有光逸、胡毋輔之等亦豫焉。兄衍。子：詹、徽。	父周，魏衛尉。與穎川陳泰友善。子：輔。
祖先官品	父：平北將軍	父：衛尉
最高官品	荊州持節都督（二）	開府儀同三司（一）
少時情況		沉敏有器量，早獲時譽，與二弟韶叔夏、茂季夏並總角知名。
資料來源	《晉書》卷四十三	《晉書》卷四十五

姓　　名	桓　彝	支　遁
字　　號	茂　倫	道　林
郡　　望	譙國龍亢	陳留人或河東林慮人
知人情況	有人倫識鑒，拔才取士，或出於無聞，或得之孩抱，時人方之許、郭。	
雅重情形	雅爲周顗所重。名顯朝廷。	爲時賢所慕。
才　　性	性通朗。	以清談著名于時，風流勝貴，莫不崇敬，以爲造微之功，足參諸正始。
關　　係	漢五更榮之九世孫。父顥，官至郎中。少與庾亮深交。彝遇之（徐寧），結交而別。初，彝與郭璞善。有五子：溫、雲、豁、祕、沖。	有同學法虔。
祖先官品	父：郎中	
最高官品	萬寧縣男（二）	
少時情況	少孤貧，雖簞瓢，處之晏如。早獲盛名。	
資料來源	《晉書》卷七十四	《晉書》卷六十七、《高僧傳》卷四

姓　　名	王獻之	王胡之
字　　號	子　敬	
郡　　望	瑯琊臨沂	
知人情況		
雅重情形	謝安甚欽愛之。	
才　　性	高邁不羈。雖閑居終日，容止不怠，風流爲一時之冠。工草隸，善丹青。	
關　　係	選尚新安公主。前妻，郗曇女。兄：徽之、操之。無子，以兄子靜之嗣。	
祖先官品	祖：淮南太守（五） 父：右軍將軍（四）	
最高官品	中書令（三）	
少時情況	少有盛名。	
資料來源	《晉書》卷八十	

姓　　名	傅嘏	郗超
字　　號	蘭　石	景興、嘉賓
郡　　望	北地泥陽	高平金鄉
知人情況		
雅重情形		凡超所交友，皆一時秀美，雖寒門後進，亦拔而友之。及死之日，貴賤操筆而爲誄者四十餘人，其爲眾所宗貴如此。
才　　性		少卓犖不羈。善談論，義理精微。性好施。任心獨詣。
關　　係	傅介子之後。伯父巽，黃初中爲侍中尚書。祖父睿，代郡太守。父充，黃門侍郎。	父愔，常謂其父名公之子，位遇應在謝安右，而安入掌機權，愔優游而已，恒懷憤憤，發言慷慨，由是與謝氏不穆。安亦深恨之。無子，從弟儉之以子僧施嗣。
祖先官品	祖：代郡太守（五） 父：黃門侍郎（五）	祖：司空（一） 父：南昌公（一）
最高官品	尚書（三）	中書侍郎（五）
少時情況	弱冠知名。	
資料來源	《三國志》卷二十一	《晉書》卷六十七

姓　　名	王　忱	周　嵩
字　　號	元　達	仲　智
郡　　望	太原晉陽	汝南安城
知人情況		
雅重情形		
才　　性	性任達不拘，末年尤嗜酒。	狷直果俠，每以才氣陵物。精於事佛。
關　　係	舅范甯。王坦之子。	周浚之子。兄周顗。周嵩，王應嫂父也。
祖先官品	祖：衛將軍（二） 父：都督徐兗青三州諸軍事（二）	祖：少府卿（三） 父：侍中（三）
最高官品	都督荊益寧三州軍事（二）	御史中丞（四）
少時情況	弱冠知名，與王恭、王珣俱流譽一時。	
資料來源	《晉書》卷七十五	《晉書》卷六十一

姓　　名	衛　玠	王　述
字　　號	叔　寶	懷　祖
郡　　望	河東安邑	太原晉陽
知人情況		
雅重情形	山簡見之，甚相欽重。謝鯤雅重之。其爲有識者所重。	
才　　性	及長，好言玄理。	性沉靜。
關　　係	祖父瓘。驃騎將軍王濟，玠之舅也。玠妻父樂廣。父恆。	父王承。子王坦之。
祖先官品	祖：司空（一） 父：太子庶子（五）	祖：汝南內史（五） 父：東海太守（五）
最高官品	太子洗馬（七）	衛將軍（二）
少時情況	年五歲，風神秀異。祖父瓘曰：「此兒有異於眾，顧吾年老，不見其成長耳！」	年三十，尚未知名，人或謂之癡。
資料來源	《晉書》卷三十六	《晉書》卷七十五

姓　　名	王坦之	衛　永
字　　號	文　度	
郡　　望	太原晉陽	
知人情況		
雅重情形		
才　　性	有風格，尤非時俗放蕩，不敦儒教，頗尚刑名學。	
關　　係	父王述。與沙門竺法師甚厚。四子：愷、愉、國寶、忱。	
祖先官品	祖：東海太守（五） 父：衛將軍（二）	
最高官品	都督徐兗青三州諸軍事（二）	
少時情況	弱冠與郗超俱有重名，時人爲之語曰：「盛德絕倫郗嘉賓，江東獨步王文度。」	
資料來源	《晉書》卷七十五	

姓　　名	山　濤	樂　廣
字　　號	巨　源	彥　輔
郡　　望	河內懷縣	南陽淯陽
知人情況		
雅重情形		裴楷雅相欽挹。爲識者所歎美。廣與王衍俱宅心事外，名重於時。
才　　性	性好莊老。	性沖約，有遠識，寡嗜慾，與物無競。尤善談論，每以約言析理，以厭人之心。
關　　係	父曜，宛句令。與嵇康、呂安善，後遇阮籍，便爲竹林之交。與宣穆后有中表親。晚與尚書和逌交，又與鍾會、裴秀並申款昵。五子：該、淳、允、謨、簡。	父方。少與弘農楊准相善。成都王穎，廣之婿也。三子：凱、肇、謨。
祖先官品	父：宛句令（六）	父：參魏征西將軍夏侯玄軍事
最高官品	司徒（一）	侍中（三）
少時情況	少有器量，介然不群。	廣時年八歲，（夏侯）玄常見廣在路，因呼與語，還謂方曰：「向見廣神姿朗徹，當爲名士。卿家雖貧，可令專學，必能興卿門戶也。」
資料來源	《晉書》卷四十三	《晉書》卷四十三

姓　　名	許　詢	謝　尚
字　　號		仁　祖
郡　　望		陳郡陽夏
知人情況		
雅重情形		王導深器之。
字　　性		善音樂，博綜眾藝。
關　　係		父鯤。康獻皇后爲尚之甥。
祖先官品		祖：國子祭酒（三） 父：豫章太守（五）
最高官品		都督豫冀幽并四州（二）
少時情況		幼有至性。八歲，神悟夙成。
資料來源		《晉書》卷七十九

姓　　名	桓　玄	嵇　康
字　　號	敬　道	叔　夜
郡　　望		譙國銍
知人情況		
雅重情形		
才　　性	博綜藝術，善屬文。性貪鄙。常負其才地，以雄豪自處。	有奇才，遠邁不群，美詞氣，有風儀。恬靜寡欲，寬簡有大量。長好老莊。性絕巧而好鍛。性慎言行。善談理，又能屬文。
關　　係	桓溫之孽子。兄偉。	兄喜。所與神交者惟陳留阮籍、河內山濤，豫其流者河內向秀、沛國劉伶、籍兄子咸、瑯琊王戎，遂爲竹林之游，世所稱「竹林七賢」也。呂安，康友而善之。子紹。
祖先官品	祖：萬寧縣男（二） 父：南郡公（一）	
最高官品	南郡公（一）	中散大夫（七）
少時情況		
資料來源	《晉書》卷九十九	《晉書》卷四十九

姓　名	陸　機	庾　統
字　號	士　衡	長　仁
郡　望	吳　郡	潁川鄢陵
知人情況		
雅重情形	張華素重其名。	
才　性	少有異才，文章冠世，伏膺儒術，非禮不動。天才秀逸，辭藻宏麗。	
關　係	祖遜。父抗。與賈謐親善。弟雲。	父懌。子玄之。
祖先官品	祖：大司馬（一） 父：丞相（一）	祖：建威將軍（四） 父：廣饒男（二）
最高官品	河北大都督（二）	建威將軍（四）
少時情況		少有令名。
資料來源	《晉書》卷五十四	《晉書》卷七十三

姓　名	王　玄	王　珣
字　號	眉　子	元　琳
郡　望	瑯琊臨沂	瑯琊臨沂
知人情況		
雅重情形		爲桓溫所敬重。
才　性	少慕簡曠，亦有俊才。	以才學文章見昵於帝。
關　係	父衍。	珣兄弟皆謝氏婿，以猜嫌致隙。時（孝武）帝雅好典籍，珣與殷仲堪、徐邈、王恭、郗恢等並以才學文章見昵於帝。
祖先官品	祖：平北將軍 父：司徒（一）	祖：始興郡公（一） 父：建武將軍（四）
最高官品	陳留太守（五）	衛將軍（二）
少時情況		
資料來源	《晉書》卷四十三	《晉書》卷六十五